KB138363

SAITO TAKASHI NO "TSUTAWARU HANASHIKATA"
by Saito Takashi
Copyright ⓒ Saito Takashi, 2014
Illustration ⓒ Mizuki Fujimori
All rights reserved.
Original Japanese edition published by Tokyodoshuppan Co., Ltd.
Korean translation copyright ⓒ 2020 by Thoughts of a Tree Publishing Co.
This Korean edition published by arrangement with Tokyodoshuppan Co., Ltd. Tokyo,
through HonnoKizuna, Inc., Tokyo, and Shinwon Agency Co.

확
끌어당기는
프로의
연어

사이토 다카시 지음 · 이정환 옮김

 나무생각

내 말은 왜
공감을 얻지 못할까

"하고 싶은 말을 제대로 전달할 수 없다."

"상대가 내 말을 제대로 알아듣지 못한다."

이런 불만을 가지고 있는 사람이 많을 것이다. 회사를 오래 다니지 못하고 그만두는 젊은이들이 많은 이유도 급여 조건이나 대우 이전에 "나를 이해해주지 않는다."라는 고민이나 초조함 때문이라는 생각이 든다.

자신의 생각을 잘 표현하여 많은 사람에게 응원을 받는 사람이 있는 한편, 하고 싶은 말이 있어도 주변 사람들에게 공감을 얻지 못하여 혼자 고통을 끌어안고 있는 사람도 많다.

'전달력 있는 화법'을 잘 갖추고 있는가는 현대사회를 살아가기 위해 꼭 필요한 열쇠다. 자신의 뜻을 잘 전달하는 화법을 구사할 수 있다면 일에서의 성공뿐만 아니라 인간관계에서의 스트레스도 훨씬 줄어들 것이다.

내가 생각하는 '전달력 있는 화법'은 단순한 내용 전달이 아니라 공감을 얻는 화법이다. 현사회를 살아갈 때 '공감력'은 매우 중요한 능력이다. 인터넷의 발달로 인해 커뮤니케이션의 속도나 범위가 천문학적으로 확대되고 있기 때문이다.

사람들은 SNS 등으로 소통을 하면서 한쪽에서는 끊임없이 서로를 감시하고 있다. 트위터가 '바보를 발견하는 기계'라고 불리듯, 말 한마디 실수하여 전혀 모르는 사람들로부터 '용서할 수 없다'는 비난과 질책을 받는 시대다. 소셜 미디어의 열기를 통하여 볼 수 있는 긴장감이나 사생활 노출 등을 볼 때 우리는 항상 서로를 감시하고 서로 긴장하는 사회에서 살고 있다고 말해도 지나친 표현이 아닐 것이다.

이런 시대를 살고 있는 만큼 사람들로부터 공감을 얻는 능력이 갖추어져 있다면 스트레스는 상당 부분 줄어들지 않을까? 공감력이 갖추어져 있으면 사람들로부터 공격을 받는 리스크도 줄어들 것이다. 또 많은 사람들로부터 공감을 얻으면 보다 즐거운 마음으로 인생을 살아갈 수 있다.

'공감'이 가득 찬 장소는 따뜻한 분위기가 형성되고 긍정적인 기운을 얻을 수 있기 때문에 '공감력'이 있는 사람이 단 한 명 존재하는 것만으로도 주변 사람들에게 매우 긍정적인 영향을 끼치게 된다.

나는 《잡담이 능력이다》라는 책을 출간했을 때, 잡담력이 향상되면 서로의 마음이 부드러워지고 스트레스가 줄어들 것이라고 주장했다. 인간관계는 잡담으로 연결되어 간다는 내용이다. 당시 많은 독자들이 그 부분에 공감해주었다. 그래서 이번에는 거기서 좀 더 진전시켜 의미 있는 화법을 구사하여 상대의 공감을 얻을 수 있는, 다음 스텝을 소개해보려고 한다.

예를 들어, 회사에서 자신이 무엇을 잘하고 무엇을 못하는지, 어떤 일을 해보고 싶은지를 주장하고 공감을 얻을 수 있다면 "자네, 이 일을 한번 해보는 게 어때?" 하는 식으로 기회를 얻게 될지도 모른다. 그러나 '공감력'이 갖추어져 있지 않을 때는 "저는 이런 일을 잘 못해서…."라는 식으로 부정적인 말을 자주 사용하게 되고, "도대체 뭐가 불만이야?", "일은 하고 싶은 것만 하는 게 아니야."라는 비난을 듣게 된다. 같은 내용을 이야기하더라도 '공감을 얻는 화법을 구사할 수 있는가'에 따라 상황은 180도 달라진다.

인터넷 등 다양한 커뮤니케이션이 이루어지고 있는 시대이기에 사회생활을 해나가는 힘으로서의 '공감력'은 우리가 반드시 갖추어야 할 스킬이자 능력이다.

'공감을 얻지 못하고 있다'는 자각에서 출발한다

공감을 얻는가, 그렇지 않은가 하는 것은 화법에 달려 있다. "현재의 방식이 아니라 다른 방식으로 해보는 것이 좋겠습니다."라는 진심을 전하고 싶을 때 공감을 얻는 화법을 구사할 수 있다면 일의 전개는 분명히 달라질 것이다.

특히 사회인이 된 이후부터는 공감력을 갖추고 있는가가 인생 자체를 바꾸어놓을 수 있다. 우선 면접관에게 공감을 얻지 못하면 회사에 들어갈 수도 없다. "이 사람은 의욕이 넘치는 것 같아."라거나 "열정이 있어."라는 식의 공감을 얻는 화법을 구사할 수 있다면 채용이 될 확률이 높을 것이다. 공감을 얻을 수 있는가 하는 것이 인생을 좌우하는 문제라고 해도 지나친 표현이 아니다.

이렇게 중요한 '공감력'이지만 우리는 공감을 얻는 화법을 학교에서 배우지 못했다. 유럽이나 미국에는 스피치 역사가 있기 때문에 사람을 공감시키는 화법을 우리보다 훨씬 잘 구사한다. 고대 그리스 시대부터 그들은 화법에 관심을 기울여 왔다. 플라톤의 저서들을 읽어봐도 알 수 있듯이 연설을 하거나 대화를 할 때 화법의 비결을 자연스럽게 구사하고 있지 않은가. 이처럼 유럽이나 미국 등에서는 스피치나 토론이라는 문화가 형성되어 있고 그 훈련도 하고 있지만 동양권에서는 그것이 부족하다.

따라서 공감을 얻는 화법을 구사하고 싶다면, 우리는 우선적으로 '내 이야기는 공감을 얻지 못하고 있다'는 사실을 자각하는 데서부터 출발해야 한다. 그다음 '지금 내가 공감을 얻고 있는가' 하는 부분을 살피는 '공감 센서'를 연마해야 한다.

나는 평소에 학생들을 가르치고 있기 때문에 공감을 얻는 화법에 비교적 익숙한 편이라는 자부심이 있는데도 "내 말이 제대로 전달되지 않는 것 같은데….'라는 답답한 느낌이 드는 경우가 종종 있다. 하고 싶은 말을 언어로 정확하게 표현했다고 해서, 또는 매우 중요한 점을 이야기했다고 해서 무조건 공감을 얻을 수 있는 것은 아니다. 잔뜩 긴장해서 이야기를 할 경우, 오히려 상대가 뒤로 물러남으로써 커뮤니케이션이 막힐 수 있다.

중요한 것은, 자신의 이야기가 상대에게 공감을 얻고 있는가 하는 점을 센서로 감지하여 그때마다 조정을 하는 기능이다. 이것이 '공감 센서'다. 공감 센서가 연마되어 있지 않으면 상대는 이미 이쪽의 이야기에 관심이 없는데도 계속 이야기를 끌고 나가게 된다.

특히 모임이나 식전 인사를 들을 때 '공감 센서'가 전혀 갖추어져 있지 않은 사람이라는 느낌이 들 때가 있다. 그야말로 최악이다. 3분을 넘으면 사람들은 완전히 질려버리는데 건배 인사만 5분이나 끌어갈 경우가 있지 않은가? 사람들은 술잔을 손에 들고 있어야 하기 때문에 "제발 좀 빨리 끝내라." 하는 초조한 마음에 사로잡히게 된다. 공감 센서가 전혀 작동되고 있지 않기 때문에 그런 눈치가 없는 것이다.

상대의 이야기에 먼저 공감해야 한다

공감 센서는 갑자기 장착되는 것이 아니기 때문에 처음에는 상대의 이야기에 공감하는 것부터 시작해야 한다. '공감을 얻는다'는 것과 '공감하는 것'은 동전의 앞뒷면과 같기 때문이다. 다른 사람의 이야기에 공감할 수 있게 되면 그들로부터 공감을 얻기도 쉬워지고 그것이 공감 센서를 연마하는 과정과 직결된다.

상대가 이쪽의 이야기에 공감을 하고 있는가 하는 것은 상대의 표정을 통해서 알 수 있다. 고개를 끄덕인다거나, 미소를 짓는다거나, 맞장구를 친다거나, 메모를 한다거나 "그래요?" 하면서 표정 변화를 보일 때에는 상대가 공감을 하고 있을 때다.

그렇기 때문에 이야기를 들을 때는 반대로 자신이 그런 신체적 변화를 보여 공감하고 있다는 사실을 메시지로 전달할수 있도록 노력해야 한다. 그런 모습을 보이면 상대는 편한마음으로 말하게 되고, 마주하고 있는 상대의 이야기에도 공감을 보인다.

자신도 항상 공감하는 메시지를 보여주기 때문에 상대가그런 모습을 보이는지 민감하게 살피게 되고, '지금 고개를끄덕이고 있으니까 공감하고 있는 거야.'라거나 '전혀 맞장구를 치지 않는 것을 보면 내 이야기에 귀를 기울이지 않고 있는 거야.'라는 식으로 공감 센서를 작동한다.

15초 만에 중요한 내용을 전달해본다

공감 센서를 연마함과 동시에 중요한 것은 '공감을 얻는화법을 갖추는 것'이다. 이 부분은 어느 정도의 테크닉이 필요하다.

나는 대학 수업에서 학생들에게 짤막하게 요점을 파악하

여 이야기하는 훈련을 시키고 있다. 처음에는 1분 동안에 중요한 내용을 전달하게 한다. 하지만 제대로 훈련이 되어 있지 않은 사람인 경우에는 그 1분이라는 시간에도 이야기를 제대로 컨트롤하지 못한다는 사실을 알았다. 쓸데없는 말이나 불필요한 전제가 많아 듣고 있는 사람은 초조해진다.

그래서 1분을 15초로 줄여보았다. 한 사람에게 15초 동안 의견이나 생각을 발표하게 했더니 한 사람당 15초씩 사용하여 10분 만에 40명 전원이 발표를 끝내는 놀라운 수업을 할 수 있었다.

15초라고 해도 정말로 하고 싶은 말은 충분히 전달할 수 있다. 매번 그중에서 누구의 발표가 좋았는지 투표를 하는데, 그때마다 선발이 되는, 공감도가 높은 학생들이 있다. 그런 학생들에게는 공통되는 특징이 있다. 예를 들면 포인트를 두세 개로 압축하여 논점을 정확하게 전달하거나, 인상적인 키워드를 내세우거나, 마지막에 임팩트가 강한 문구를 사용한다. 이런 비결을 함께 공유하게 되자 클래스 전체가 화법의 달인이 되었다.

훌륭한 연설에는 사람을 끌어당기는 기술이 있다

결국 공감을 얻는 사람의 화법에는 그 사람 나름대로의 스타일이 있다. 그런 화법을 유명한 사람들의 연설이나 이야기를 통하여 배워보자는 것이 이 책의 콘셉트다.

훌륭한 연설에는 사람을 끌어당기는 비결이 있으며, 많은 사람들이 그 기술을 파악하여 활용하고 있다. 영향력 있는 사람의 연설을 듣고 있으면 그 인물이 훌륭하기 때문에 연설도 훌륭한 것이라고 생각하기 쉽지만, 연설 내용을 자세히 살펴보면 그 안에도 다양한 비결이 포함되어 있다.

사람들에게 공감을 얻는 사람은 이런 훈련이 잘 되었기 때문에 많은 사람들의 마음을 사로잡을 수 있는 것이다. 그 비결을 파악하고 꾸준히 훈련을 한다면 공감을 얻는 화법을 구사하는 것이 그렇게 어려운 일은 아닐 것이다. 우리 대학 학생들만 해도 15초 만에 하고 싶은 이야기를 전달하는 훈련을 반복하여 40명 전원이 말로는 어디 가서 지지 않게 되었다.

서구 사람들과 비교할 때 우리는 연설이 서투른 편이라고 하는데, 지금까지 그런 훈련을 하지 않아서이지, 약간만 훈련을 하면 뜀틀과 마찬가지로 실력이 크게 향상될 수 있을 것이다.

프로라고 불리는 사람들의 연설에는 공감을 높이는 기본적인 비결이나 기술이 들어 있다. 그것을 배워 일상이나 조직에서 공감력 높은 사람이 되는 것이 이 책의 목적이다. 그리고 한 가지 더, 이 책에 소개된 세계적인 연설을 접함으로써 세계의 역사나 사회 문제, 문화, 경제에 관한 식견을 폭넓게 가질 수 있기를 바란다. 세계 역사를 움직인 연설을 접함으로써 언어 능력과 화법의 중요성, 그리고 역사와 문화도 배울 수 있을 것이다.

차례

1장
공감을 얻는 프로의 언어
논점을 분명히 한다

2장
공감을 얻는 프로의 언어
마음에 다가간다

3장
공감을 얻는 프로의 언어
이미지를 떠올리게 한다

4장
공감을 얻는 프로의 언어
말하는 사람의 얼굴이 보인다

5장
공감을 얻는 프로의 언어
강한 인상을 주는 훅이 있다

1장

공감을 얻는
프로의 언어

논점을
분명히 한다

01

포인트를
세 가지로 압축한다

무슨 말을 하고 싶은 것인지 명확하지 않은 상태에서 주저
리주저리 이어지는 이야기만큼 듣기 고통스러운 것은 없다.

사람들로부터 공감을 받지 못하는 화법에는 '이야기가 길
다', '무슨 말을 하고 싶은 것인지 알 수 없다' 등의 특징이 있
다. 그 결과, 상대는 '이야기를 듣고 있는 시간이 아깝다', '아
무것도 얻은 것이 없다'고 느낀다.

사람들로부터 공감을 얻고 싶다면, 우선 하고 싶은 말을
분명하게 전달할 수 있도록 논점을 정리해서 단순하게 만드
는 훈련이 필요하다.

그런 테크닉을 구사하는 대표적인 사례로 애플을 창업한 스티브 잡스가 스탠퍼드대학에서 한 연설을 들 수 있다. 역사에 남는 명연설이고 그 영향을 받은 사람이 많다. 내용을 살펴보면 그야말로 공감을 얻는 화법의 왕도를 걷는, 매우 단순하고 정리된 문장으로 이루어져 있다.

—

오늘은 저의 인생을 통하여 세 가지 이야기를 하고 싶습니다. 그것뿐입니다. 대단한 것은 없습니다. 단지 세 가지입니다.

우선 점과 점을 연결한다는 것입니다. 저는 리드대학을 불과 6개월 만에 자퇴했는데, 실제로 대학을 떠날 때까지 18개월 동안 계속 대학에 머무르며 몰래 수강을 했습니다.
제가 대학을 그만둔 이유를 말하자면 제가 태어나기 전으로 거슬러 올라가야 합니다.
저를 낳아주신 어머니는 젊은 미혼의 대학원생이었습니다. 어머니는 저를 양자로 보내기로 하셨지요. (중략)
장래를 미리 예측하고 점과 점을 연결할 수는 없습니다. 가능한 것은 나중에 돌아보고 그 점들을 연결하는 것뿐입니다. 그렇기 때문에 지금 우리는 각각 흩어져 있는 점들이 우리의 미래에 어떤 형태로든 연결될 것이라고 믿는 수밖에 없습니다. 여러분은 확신을 가져야 합니다. 여러분의 배짱, 운명, 인생, 일, 뭐든 상관없습니다. (중략)

두 번째 이야기는, 사랑과 패배에 관해서입니다. 저는 운이 좋았습니다. 젊은 시절에 좋아하는 일을 만날 수 있었으니까요. 워즈(스티브 워즈니악)와 함께 저의 부모님 댁 차고에서 애플을 창업한 것은 스무 살 때였습니다. 그리고 열심히 노력한 결과, 차고에서 두 명으로 창업한 애플은 10년 후에 매상고 20억 달러, 사원수 4천 명을 넘는 회사로 성장했습니다. (중략)

애플에서 쫓겨나지 않았다면 이런 일은 단 한 가지도 발생하지 않았을 것이라고 저는 강하게 확신합니다. 쓰디쓴 약이지만 환자에게는 그것이 필요했다고 생각합니다.

인생에서는 때로 벽돌로 머리를 얻어맞은 것 같은 심각한 일들이 발생합니다. 그러나 신념을 잃어서는 안 됩니다. 지금까지 포기하지 않고 지속해올 수 있었던 것은 제가 하는 일을 좋아했기 때문입니다. (중략)

세 번째 이야기는 죽음에 관해서입니다. (중략) 약 1년 전에 저는 암 진단을 받았습니다. 아침 7시 30분에 진단을 한 결과, 췌장에서 뚜렷한 종양이 발견되었습니다. 저는 췌장이 무엇인지조차 몰랐습니다. 의사는 병이 치유될 가능성이 거의 없다면서 남은 시간이 석 달에서 여섯 달 정도라고 말했습니다. (중략)

여러분의 시간은 한정되어 있습니다. 따라서 자신이 원치 않는 인생을 살면서 시간을 낭비해서는 안 됩니다. 도그마 (dogma; 독단적 견해)에 얽매여서는 안 됩니다. 그것은 다른 사람의 생각을 좇아 살아가는 것이기 때문입니다.

다른 사람들의 의견이나 잡음에 의해 여러분의 내면에 내재되어 있는 목소리가 잠식되지 않게 하십시오. 여러분의 가슴과 직관을 따르는 용기를 가져야 합니다. 내면에 존재하는 다양한 감정과 감각들은 여러분이 정말로 되고 싶은 것이 무엇인지, 어떻게 해야 하는지를 잘 알고 있습니다. 나머지 것들은 모두 이차적인 문제입니다.

(2005년 6월 12일, 스탠퍼드대학 졸업식에서)

—

이 연설이 훌륭한 점은 처음에 "세 가지 이야기를 하고 싶습니다."라고 말하고 있다는 것이다. 나는 평소에 '3'이라는 숫자는 인간이 어떤 현상을 확실하게 이해하는 데 가장 적합한 숫자라고 생각한다. 스티브 잡스의 이야기가 한 가지라면 왠지 부족한 느낌이 들었을 것이고, 네 가지 이상이라면 너무 많아 인상이 옅어질 것이다. 시간이 없으면 두 가지라도 상관없겠지만 가능하면 세 가지로 압축해야 듣는 쪽도 이해하기 쉽다.

스티브 잡스는 서두에 "단지 세 가지입니다. 그것뿐입니다. 대단한 것은 없습니다."라고 시작했다. 이렇게 말하면 듣는 쪽도 준비가 갖추어진다.

그러고 나면 '우선'이라는 부사로 첫 번째 포인트를 먼저 꺼내놓는다. 이런 식으로 접근하지 않고 만약 "저는 리드대학을 불과 6개월 만에 자퇴했는데…"라는 식으로 시작하면 밋밋한 이야기가 되어버려 무슨 말을 하고 싶은 것인지 이해하기 어렵다.

그렇지만 "우선 점과 점을 연결한다는 것입니다."라고 첫 번째 포인트를 먼저 이야기하면 듣는 쪽도 머리가 정리되면서 '그렇구나. 이제부터 점과 점을 연결하는 것에 관한 이야기를 하겠구나.' 하고 마음의 준비를 갖출 수 있기 때문에 이야기를 편하게 들을 수 있다.

그리고 두 번째, 세 번째로 정리해서 이야기를 이어나가기 때문에 어느 정도 긴 내용이라고 해도 듣는 쪽은 편하게 그 이야기에 귀를 기울일 수 있다.

자신의 말이 좀처럼 공감을 얻지 못한다는 느낌이 들 때에는 "우선 세 가지를 이야기하려 합니다. 세 가지만 들어주십시오."라는 식으로 화법을 구사하는 것이 좋다.

이 세 가지의 패턴을 충실하게 실행하여 성공을 거둔 것이 2020 도쿄올림픽 유치위원회의 프레젠테이션이다. 코로나19 팬데믹으로 인해 2020년에 올림픽이 치러지지 못하게 되었지만, 당시 도쿄올림픽 유치위원회는 프레젠테이션에서 세 가지로 압축한 패턴으로 도쿄의 장점을 어필했다.

—

First, which city will best continue the financial and sporting success of the Movement.

Second, which city offers guaranteed delivery of superb Games.

And finally, which city goes beyond a national agenda and has a global vision… to promote the Olympic Values in this challenging era for sport.

= 포인트를 세 가지로 압축한다 =

NG 하고 싶은 말이 많은 경우

그런데 무슨 이야기였지?
너무 많아 기억할 수가 없어.

NG 주저리주저리 계속 이야기를 늘려가는 경우

무슨 이야기를 하는 것인지 알 수 없다.

NG 포인트가 한 가지뿐인 경우

이해하기는 쉽지만 먼가 부족하다.

OK 포인트를 세 가지로 압축한 경우

첫째는 …입니다.

둘째는 …입니다.

셋째는 …입니다.

상쾌!
이해하기 쉽다!
납득할 수 있다!

─첫째, 경제적이고도 스포츠적으로 올림픽의 성공을 가장 잘 이어갈 수 있는 도시는 어디일까요? 둘째, 훌륭한 대회를 보장해줄 수 있는 도시는 어디일까요? 그리고 마지막으로, 스포츠가 힘겨운 상황에 놓여 있는 이 시대에 한 나라의 문제를 초월하여 세계적 비전으로 올림픽의 가치를 추진할 수 있는 도시는 어디일까요?

(2013년 9월 7일, 부에노스아이레스에서 열린 IOC 총회 당시 도쿄올림픽 유치위원회가 한 최종 프레젠테이션 중에서)

─

이어서 도쿄올림픽 유치위원회의 다케다 쓰네카즈는 지금 스포츠 업계가 위기 상황에 놓여 있다는 점과 연결하여 "doping, illegal betting and match fixing"(도핑, 위법 도박, 담합 행위)이라고 세 가지 위험 요소를 말한다. 그리고 마지막으로 도쿄는 다음의 세 가지를 제공할 수 있다고 정리한다.

─

'Delivery(운영).' 왜냐하면 도쿄는 만반의 준비 체제, 그 이상의 것을 약속할 수 있기 때문입니다.

'Celebration(축전).' 왜냐하면 도쿄는 이제 일찍이 없었던 도심에서의 훌륭한 축제를 실현할 수 있기 때문입니다.

'Innovation(혁신).' 왜냐하면 도쿄는 전 세계 스포츠에 도움이 될 수 있도록 도쿄가 보유하고 있는 창조성과 모든 테크놀로지를 제공할 수 있기 때문입니다.

—

이처럼 왕도라고 부를 수 있는 '3'으로 논점을 간결하게 표현함으로써 도쿄에 대한 인상을 강하게 심어준 것이다.

나아가 전체 프레젠테이션을 정리하면서 다케다 쓰네카즈가 "도쿄에 투표해주십시오."라는 말을 세 번 반복한다. 여기에서도 '3'의 효과를 살렸다. 단순히 "도쿄에 투표해주십시오."라는 문구만을 반복한 것이 아니다. 그는 "개최를 보장할 수 있는 도쿄에 투표해주십시오.", "훌륭한 경험을 할 수 있는 도쿄에 투표해주십시오.", "세계적인 비전을 가지고 있는 도쿄에 투표해주십시오."라고 각각 다른 내용을 앞에 붙여 세 번 반복했다.

같은 문구를 수식을 바꾸어가며 반복하는 것은 가장 인상에 남는 전달 방법이다. 더구나 세 번! 굳히기를 하듯 반복된 "도쿄에 투표해주십시오."는 당연히 IOC 위원들의 마음에 각인되었을 것이다.

이처럼 도쿄올림픽 유치 프레젠테이션에는 수많은 위원들의 마음을 붙잡아 공감을 얻을 수 있는 포인트가 많이 포함되어 있어 큰 참고가 된다. 특히 왕도에 해당하는 '세 가지로 압축한다'는 패턴이 몇 번이나 사용되고 있는 점을 봐도 설득력이 뛰어난 연설이었다는 사실을 확인할 수 있다.

02

대립되는 도식을 도입한다

수많은 물건들을 늘어놓고 "마음에 드는 것을 고르십시오."라고 하면 쉽게 결정을 내리기 어렵다. 결국 귀찮아져서 "특별히 없습니다." 하고 거절을 하게 된다.

하지만 눈앞에 두 가지 물건을 놓고 "어느 쪽이 마음에 드십니까?"라고 하면 주저하지 않고 한 가지를 선택할 수 있다. 이것을 '이항대립도식(二項對立圖式)'이라고 부른다.

이처럼 '두 가지 중에 한 가지'를 선택하도록 유도하는 방법은 무엇인가 어필을 하거나 공감을 얻으려 할 때에도 매우 효과적이다.

그 좋은 예가 일본의 전 총리인 고이즈미 준이치로의 화법이다. 그가 "우정 민영화(郵政民營化)에 찬성할 것인가, 반대할 것인가?"라고 물었을 때, 많은 사람들이 "찬성!"이라고 말했던 것은 선택의 여지가 A(찬성)나 B(반대), 두 가지밖에 없었기 때문이다.

사실 일본 사람들은 우정 민영화에 관하여 평소에 그렇게 진지하게 생각하고 있지는 않았다. 결론을 내려야 하는 상황이 발생하면서 뭔가 바꾸는 쪽이 좋겠다는 정도로 생각했을 뿐, 결국 확실하게 이해하지도 못한 상태에서 찬성을 해버린 것이다.

이런 화법이 정치적으로 이용되는 것은 그다지 바람직한 일은 아니지만, 바꾸어 말하면 '이항대립도식'이 그 정도로 장점이 있다는 뜻이다. 문제를 정리하여 "A와 B가 있습니다." 하고 이항대립도식으로 제시하면 머리가 복잡하지 않고 쉽게 결정할 수 있다는 장점이 있기 때문이다.

또한 "저는 A가 좋다고 생각합니다만…."이라고 먼저 자신의 의견을 넌지시 건네면 상대도 공감하고 끌려오기 쉽다. 처음부터 A를 결정해두고 상대에게 질문을 던지는 경우에는 매우 편리한 방식이다.

물론, 결론을 유도하고 싶지 않은 경우에는 "A와 B가 있습니다."라는 말만 하고 상대가 선택하도록 하는 것이 좋다.

백화점 외부 판매 담당자로 일하는 매우 성실한 사람이 있다. 그는 "이런 취미를 가지고 계신 분이라면 A를 권하겠지만, 이런 취미를 가지고 계신 분이라면 B를 권합니다."라는 식으로 선택을 상대에게 맡기는 방식을 취하고 있다. 상대를 압박하지 않으면서 구매 결정을 유도하는 방식인데, 실적도 그만큼 높은 편이다.

즉, 이항대립도식은 결론으로 유도하고 싶을 때는 물론이고 그렇지 않을 때에도 비교적 상대에게 공감을 얻기 쉬운 화법이다.

= 이항대립도식을 활용한다 =

많은 것들 중에서
"마음에 드는 걸 고르세요."라는
말을 들으면
어느 것을 선택해야 좋을지 모른다.

Ⓐ
또는
Ⓑ

"A나 B 둘 중 한 가지를 고르세요."라는
말을 들으면 한 가지를 선택하기 쉽다.

+

Ⓐ 는 이렇습니다.

Ⓑ 는 이렇습니다.

Ⓐ와 Ⓑ, 각각에 관해 설명한다.

저는 Ⓐ 가 좋다고 생각합니다만….

Ⓐ로 유도할 수 있다.

03

가정법을 사용해
하고 싶은 말을 한다

생각한 대로 자신의 말이 상대에게 전달되지 않는 이유로
는, 너무 직접적으로 말해서 문제가 있거나 얼굴을 맞대고는
말하기 어려워 에둘러서 말한 탓일 수가 있다.

그럴 때에는 "만약 내가 ○○라면….."이라는 가정법을 사
용하면 비교적 저항감 없이 나의 뜻이 전달되어 상대도 받아
들이기 쉽다. 영화나 연극 같은 픽션도 가정법의 범주에 넣어
해석할 수 있다.

희극배우 찰리 채플린이 감독과 주연을 한 〈위대한 독재
자(The Great Dictator)〉라는 영화가 있다. 1940년에 미국에서

개봉한 영화로, 당시에 독일에서 전권을 장악하고 있던 히틀러를 통렬하게 비판한 내용이다. 제2차 세계대전이 한창인 시기에 이런 영화를 만들어 개봉했다는 점에서 채플린은 그야말로 역사에 남을 만한 배우이자 감독이라는 생각이 든다. 이 영화의 백미는 어디를 보아도 히틀러를 쏙 빼닮은 채플린이 카메라를 향하여 연설을 하는 장면이다.

—

미안하지만 나는 황제 따위는 되고 싶지 않다. 그것은 나와는 관계없는 문제다. 나는 어느 누구도 지배하거나 정복하고 싶지 않다. 가능하다면 모두를 돕고 싶다. 유대인도, 유대인 이외의 흑인이나 백인도. (중략)
병사들이여, 짐승들에게 몸을 맡겨서는 안 된다. 너희들을 내려다보고 노예로 생각하고 인생을 조종하는 자들은 너희들이 무엇을 하고, 무엇을 생각하고, 무엇을 느껴야 하는지 지도한다. 그리고 너희들을 길들이고 식사를 제한하는 자들은 너희들을 가축으로, 단순한 장기판의 말로 취급한다. (중략)
지금이야말로 약속을 실현시키기 위해 싸워야 할 때다. 세상을 자유롭게 만들기 위해, 국경의 제한을 없애기 위해, 증

오와 견디기 어려운 고통과 탐욕을 추방하기 위해 싸우자.
이성이 있는 세상을 위해, 과학과 진보가 전 인류를 행복으
로 이끌어주는 세상을 위해 싸우자. 병사들이여, 민주국가
의 이름 아래 우리 모두 단결하자.

(1940년, 영화 〈위대한 독재자〉 중에서)

—

"너희들은 인간이다!", "자유를 위해 싸우자!"라는 것이 채
플린의 명확한 메시지다. 그 메시지를 〈위대한 독재자〉라는
영화 속에서의 역할을 빌려 누가 보아도 히틀러로 보이는 남
성의 입을 통해 전달함으로써 강한 임팩트를 준 것이다.

채플린은 인간을 각자의 얼굴을 잃고 마치 톱니바퀴처럼
맞물려 서슴없이 사람을 살해하는 기계로 전락시킨 조직에
분노했다. 그것이야말로 전쟁이 가진 무서움이다. 나쁜 사람
이 아닌 평범한 사람도 집단을 이루고 위로부터의 명령을 받
으면 잔혹한 군대가 되어버린다. 그 점에 대해 영화라는 표
현 방법을 통해서 가상의 캐릭터를 만들어 이야기했다는 것
이 매우 흥미롭다.

이처럼 사실을 픽션처럼 표현하는 기법은 검열이나 억압
이 엄격했던 시대에 많이 있었다. 일본에서도 가부키(歌舞伎)

의 상연 목록에 〈가나데혼츄신구라(仮名手本忠臣蔵)〉가 있는데, 이것은 아코(赤穂) 낭인들의 습격 사건을 연극으로 만든 것이다. 그러나 사실 그대로 공연하면 막부의 주목을 받을 수 있기 때문에 등장인물의 이름을 바꾸고 설정도 약간 바꾸었다. 예를 들어 오이시 구라노스케(大石内蔵助)는 오보시 유라노스케(大星由良之助)로, 고케 하타모토(高家旗本), 기라 요시나카(吉良義央)는 고노 모로나오(高師直)로 바꾸었다. 거의 비슷한 내용이지만 어디까지나 픽션이라는 이름을 빌려 막부의 관심을 피한 것이다.

이렇듯 가정법은 정말로 하고 싶은 말을 부드럽게, 하지만 직접적으로 전달하는 표현 방법으로 매우 적합하다.

이 방법은 우리도 일상적으로 사용할 수 있다. "만약 내가 여성이라면 이 상품은 선택하지 않을 것입니다."라거나 "내가 20대였다면 이걸 원했을 것입니다."라고 가정법을 사용해서 말하면 하고 싶은 말도 쉽게 건넬 수 있고 상대로부터 공감도 얻을 수 있다.

= 가정법을 이용한다 =

질문을 앞으로
가져온다

사람의 마음을 끌어당기는 테크닉으로 질문을 앞으로 가져오는 방법이 있다. '질문＝문제의식'이라고 말할 수도 있다.

논문을 쓰는 경우 이 방법을 자주 사용한다. 어떤 문제의식을 바탕으로 이 연구를 하고 있는지, 우선 질문 형식을 빌려 제시하는 방식으로 주제를 공유하는 것이다.

상대에게 공감을 얻고 싶을 때에는 말할 때 질문을 먼저 앞쪽에 내놓고 문제의식을 제시하면 뛰어난 효과를 불러올 수 있다. 이것을 효과적으로 실행한 사람이 할리우드 여배우 안젤리나 졸리다.

친구나 이웃으로 평화롭게 살아온 사람들이 대체 왜 갑자기 서로를 공격하게 되었을까요? 전쟁은 사람을 얼마나 바꾸어놓을까요? 왜 말로 표현할 수 없을 정도의 잔학한 행위를 하도록 만드는 것일까요?

그리고 모든 것을 잃는다는 것은 어떤 것일까요? 모든 트라우마와 폭력을 경험하고 결국은 국제사회로부터 버려지고, 진짜 도움이 필요할 때에 전 세계가 등을 돌렸다는 사실을 깨닫습니다. 그것은 과연 어떤 느낌일까요?

저는 이런 문제를 드러내고 답을 찾기 위해 영화라는 방법을 선택했습니다. 하지만 그것은 예술이고 다큐멘터리는 아닙니다. 여기에서의 목적은 비난이나 모함이 아니라 이해입니다.

(2013년 7월 29일, 도쿄 국제연합대학에서)

—

이때 안젤리나 졸리는 배우로서가 아니라 영화감독으로서, 활동가로서 연설을 했다. 그리고 질문을 몇 가지 늘어놓는 방식으로 무엇이 문제인지 분명하게 제시하려 했다. 이처럼 질문 형식으로 자신의 문제의식을 표현하는 것은 이해를 얻는 가장 빠른 길이다.

나의 전공은 교육학이기 때문에 많은 수업을 견학하는 편인데, 훌륭한 수업을 하는 선생님들은 질문을 잘 던진다. 심리학 용어로 '발문(發問, questioning)'이라고도 하는데, 그냥 질문과는 약간 다르다. 일반적인 질문은 분명한 정답이 있는 경우가 많지만, 발문은 반드시 정답이 존재하는 것이 아니다. 문제를 제기하는 데 의미가 있는 것이다. 발문도 넓은 의미에서는 질문에 포함되지만, 생각해야 할 주제를 제기한다는 데 차이가 있다.

예를 들어 "이 작품의 중요한 메시지는 무엇인가?"라는 의문에는 정답을 한 가지가 아니라 몇 가지라도 생각할 수 있기 때문에 질문이라기보다는 발문에 해당한다. 그것을 둘러싸고 서로 의견을 교환하면서 수업이 진행된다.

반면 "몰(mol)이 무엇인가?"는 "6.0×10^{23}으로 존재하는 물질의 집단 단위입니다."라는 정답이 있기 때문에 이쪽은 생각할 여지가 없이 일반적인 질문에 해당한다.

중요한 것은 질문을 던진다는 화법이다. 그 정답을 반드시 준비해둘 필요는 없다. 질문의 의미만 공유할 수 있으면 하고 싶은 말의 절반 이상은 전달되었다고 생각해도 된다. '질문'이 중요한 것이다. 수업에서도 이 질문에 대해 학생들이 진지하게 생각할 수 있다면 그 수업은 거의 성공했다고 볼 수 있다.

질문을 던져서 상대가 한번 생각해보도록 유도하는 화법은 뜻밖으로 공감을 얻기 쉬운 방법이다.

예를 들어 상품 개선에 관하여 제안을 하고 싶다고 하자. "지금까지의 스타일은 지나치게 수수해서 임팩트가 부족했습니다. 그러니까 여기에 손잡이를 만들고 색깔도 눈에 띄도록 바꾸는 건 어떻겠습니까?"라는 식으로 결론부터 먼저 정하고 이야기하면 반발을 하는 사람도 있을 것이다.

하지만 "지금까지의 상품도 매우 좋다고 생각하는데 매상이 떨어지는 이유는 무엇일까요?", "현시대에 어울리는 상품이란 대체 어떤 것일까요?"라는 식으로 질문을 앞으로 가져온 이후에 자신의 의견을 이야기하면 주장도 부드러워지고 상대가 받아들이기도 쉽다.

05

주장을 이해할 수 있는 키워드를 준비한다

파티에 초대를 받거나 부서 이동을 하거나 모임에 참여했을 때 많은 사람들 앞에서 인사를 해야 하는 상황이 흔히 있다. 그럴 때 사람들의 마음에 남는 인상 깊은 화법을 구사하는 비결이 있다.

하고 싶은 말을 인상 깊게 전달할 수 있는 키워드나 키프레이즈(Key Phrase)를 준비하는 것이다. 키워드나 키프레이즈는 순간적인 아이디어로 생각해내기는 어렵다. 짧은 문장이라도 잘 다듬어져 있지 않으면 사람들의 마음에 남기 어렵기 때문이다.

그 자리에서 인상적인 키프레이즈를 생각해낼 수 있는 사람은 화법에 상당한 실력을 갖춘 전문가들뿐이다. 보통 사람은 미리 키워드나 키프레이즈를 생각해두고 다듬어두어야 할 필요가 있다.

2011년 3월 11일에 일어난 동일본 대지진 피해 이후, 일본 프로야구팀 도호쿠 라쿠텐(東北樂天) 골든이글스의 시마 모토히로 선수가 센다이(仙台)의 일본제지 클리넥스 스타디움 미야기에서 팬들을 향해 했던 연설이 대표적이다. 그의 연설에는 앞서 말한 키프레이즈가 잘 갖추어져 있었던 만큼 당시 커다란 감동을 불러일으켰다.

—

지진 피해 이후, 선수들 모두 "우리는 무엇을 할 수 있을까?", "우리는 무엇을 해야 할 것인가?" 하는 토론을 하고 깊이 생각을 하면서 도호쿠 지역으로 돌아올 수 있는 날을 기다렸습니다.

그리고 개막 5일 전, 선수들 모두 마침내 센다이로 돌아왔습니다. 우리는 완전히 변해버린 도호쿠 지역을 '눈'과 '마음'에 담고 "늦어서 죄송합니다."라는 마음으로 대피소를 방문했습니다.

그때 그곳에 계신 여러 주민분들이 "잘 돌아왔어요.", "우리도 이겨낼 테니까 파이팅해요."라는 말씀을 해주셨습니다. 그 말씀을 듣고 눈물이 흘렀습니다.

그때 우리가 무엇을 위해 싸우는지 확실하게 깨달았습니다. 지난 한 달 반 동안 알게 된 사실이 있습니다. 그것은 '누군가를 위해 싸우는 사람은 강하다.'는 것입니다.

도호쿠 지역 주민 여러분, 반드시 우리 함께 이겨냅시다, 지금 이 힘든 시기를! 반드시 승리로 결실을 거둡시다, 지금 이 순간을!

지금 이 시기를 뛰어넘는다면 그 너머에는 보다 강해진 우리들과 밝은 미래가 기다리고 있을 것입니다.

반드시 보여줍시다, 도호쿠의 저력을!

오늘 정말 감사합니다.

(2011년 4월 29일, 일본제지 클리넥스 스타디움 미야기에서)

—

시마 선수는 도호쿠 라쿠텐 골든이글스의 주장이었다. 그런 그가 지진 피해 이후 처음 개최된 시합에서 도호쿠의 팬들을 향해 메시지를 보낸 것이다.

야구 선수가 개막전에서 마이크를 잡고 연설을 하는 일은 거의 없다. 야구 선수는 언어가 전공이 아니기 때문에 연설이 서툰 편이다. 설사 연설을 한다고 해도 대부분은 은퇴할 때나 수훈 선수 인터뷰를 할 때 정도다.

그렇기 때문에 시마 선수는 익숙하지 않은 연설을 위해 며칠 전부터 문장을 생각했을 것이다. 그렇게 나온 문장이 '누군가를 위해 싸우는 사람은 강하다.'였다. 또 시마 선수는 "지난 한 달 반 동안 알게 된 사실이 있습니다."라고 말한 뒤에 "그것은 '누군가를 위해 싸우는 사람은 강하다.'는 것입니다."라고 말했다.

이런 화법은 여러분도 충분히 사용할 수 있다. 어떤 인사를 할 때, "이 회사에 들어온 이후 석 달 동안 깨달은 것이 있습니다. 그것은 ○○라는 것입니다."라고 문장을 구성하면서 '○○' 부분에 키워드를 넣으면 된다.

어쨌든 시마 선수는 한 달 반 동안 생각하고 키워드를 완성했다. 오랫동안 문구를 생각하는 동안, 자신의 생각이 응축되고 문구의 순도가 높아지는 법이다. 자신의 생각을 모두 응축한 진정성 있는 문구를 완성한 것이다. 그렇게 노력을 기울인 문구이기 때문에 듣는 사람에게도 응축된 마음이 충분히 전달되는 것이다.

그리고 "반드시 보여줍시다, 도호쿠의 저력을!"이라는 말도 잘 다듬어진 키프레이즈다. 그 말들이 지금도 라쿠텐이 시합을 할 때 플래카드로 내걸릴 정도니까, 그야말로 라쿠텐의 역사에 남는 키워드, 키프레이즈가 된 것이다. 이 말을 들으면 시마 선수가 하고 싶은 말과 생각이 자연스럽게 전해져 온다. 그만큼 주장하는 내용을 확실하게 이해할 수 있는 키워드, 키프레이즈다.

이처럼 주장을 확실하게 이해할 수 있는 키워드나 키프레이즈를 내걸면 듣는 쪽은 말하는 사람의 주장을 분명하게 이해하고 인상에 남기게 된다.

나는 대학 수업에서 이런 식의 키워드, 키프레이즈를 만드는 방법을 학생들에게 훈련시키고 있다. 매주 학생들에게 에세이를 써와서 발표를 하게 하는데, 그때 제목을 키프레이즈로 만들도록 하고 있는 것이다.

'《겐지모노가타리(源氏物語)》를 읽고'라는 제목으로는 주장하는 내용을 알 수 없다. 하지만 《겐지모노가타리》는 마더

콤플렉스와 관련된 이야기다'라고 하면 어떤가? 제목을 읽는 것만으로 그 사람의 주장이나 새로운 발견을 파악할 수 있다. 이렇듯 키워드, 키프레이즈를 사용하면 주장하는 말의 포인트를 이해하기 쉽고 인상이 강해진다.

평소에 주장이나 생각을 응축한 말을 만들어내는 훈련을 해두는 것이 좋다. 효과적인 키워드, 키프레이즈를 생각해낼 수 있다면 이미 공감을 절반 이상 얻은 것과 같다.

06

개념과 경험을 키워드로 연결한다

회사든 학교든 3~4월은 새로운 사람을 맞이하여 인사할 기회가 많은 시기다. 이때 중요한 점은 지금까지 그 회사나 학교가 실행해온 정신을 새로운 사람들에게 확실하게 전달하는 것이다.

그런 차원에서 첫인사는 매우 중요한 의미가 있다. 학교에서든 회사에서든 첫날 들은 이야기는 인상에 강하게 남기 때문이다.

2013년 4월, 도쿄조형대학 입학식에서 당시 학장이었던 스네 노부히로 씨의 연설에는 마음을 울리는 감동이 있었다.

학장 자신의 개인적인 경험과 대학의 이념을 연결한, 매우 이해하기 쉬우면서 마음에 남는 연설이었다.

스네 씨는 도쿄조형대학 출신이었다. 신입생들의 선배이기도 했다. 그는 선배라는 입장에서 자신의 경험을 이야기했다. 간단히 소개하면 다음과 같다.

스네 씨는 대학에 입학했지만 곧 휴학을 하고 영화 조감독으로 일하기 시작했다. 대학에서는 얻을 수 없는 경험이 현장에 있을 것이라 생각했기 때문이다.

한번은 대학에서 자작 영화를 발표할 기회가 있었다. 스네 씨는 자신만만하게 자신의 작품을 제출했다. 무엇보다 자신은 이미 프로의 세계에서 영화를 만들고 있으니, 대학에 있는 동급생들에게 뒤질 리가 없다고 생각했다.

그러나 결과는 참담했다. 스네 씨의 작품은 좋은 평가를 받지 못했던 것이다. 스네 씨는 신입생을 맞이하는 입학식에서 그 체험을 다음과 같이 이야기했다.

—

한편 동급생들의 작품은 경험도 기술도 없는 빈틈이 많은 영화였지만 현장 상식에 얽매이지 않는, 자유로운 발상이 넘쳤습니다.

수업에 참석해보니 현장에서는 필요하지 않은 이론이나 철학이 단순히 지식을 늘리기 위해 존재하는 것이 아니라 자신이 스스로 생각하는 것, 즉 인간의 자유를 영위하기 위한 것임을 어렴풋이 이해할 수 있었습니다. 놀랐습니다. 대학에서는 제가 현장에서는 만날 수 없었던 무엇인가가 꿈틀거리고 있었습니다.

저는 '경험'이라는 감옥에 갇혀 있었다는 사실을 깨달았습니다. (중략) 대학에서는 아직 아무도 모르는 가치를 탐구하는 자유가 주어져 있습니다. 그런 비약(飛躍)은 경험으로는 얻을 수 없는 것입니다. (중략)

도쿄조형대학의 건학(建學) 정신은 '사회를 만들어내는 창조적인 조형 활동 탐구와 실천'입니다. (중략)

과거의 경험이 통용되지 않는 지금이야말로 대학에서의 자유로운 탐구가 중요한 의미를 지니는 시기는 없을 것이라고 생각합니다.

이 산림에 둘러싸여 있는 작은 캠퍼스에서 우리 함께 세계를 향하여 꿈과 상상을 펼쳐봅시다. 그것이 설사 돈키호테와 같은 무모한 행동이라 해도 저는 우리의 작은 창조 행위가 반드시 세상과 연결될 것이라고 믿고 싶습니다.

입학을 축하드립니다. 우리 함께 보다 나은 사회를 만들어낼 수 있도록 탐구를 시작합시다.

(2013년 4월 4일, 도쿄조형대학 입학식에서)

—

'경험이라는 감옥'에는 깊은 의미가 담겨 있다. 쉽게 말하기는 어렵다. 일반적으로는 "경험은 멋진 것이다."라고 말한다. 하지만 스네 씨는 '경험은 감옥'이라고 표현했다. 그리고 "대학 쪽이 자유롭다. 왜냐하면 대학에는 아무도 모르는 가치를 탐구할 수 있는 자유가 존재하기 때문이다. 그러니까 이 대학에서는 그런 세상을 만들어가자."라고 강력하게 호소하고 있다.

갑자기 "우리 대학의 이념은 이런 것입니다."라거나 "건학 정신은 이런 것입니다."라고 말하면 형식적으로만 들린다. 그러나 자신의 경험과 대학의 정신을 '경험이라는 감옥'과 같이 키워드로 연결시키면 깊은 인상을 남길 수 있다.

기본이 되는 거대한 이념이나 정신을 개인적인 경험과 연결시켜 키워드를 도입해가는 방법은 다른 인사말에서도 사용할 수 있다.

예를 들어 사장이 사원에게 훈시를 할 때, "우리 회사는 고객을 우선하여 성심성의를 다하는 회사입니다."라고 경영이념만을 이야기한다고 하자. 비슷한 이야기를 하는 회사는 많이 있기 때문에 그다지 마음에 남지 않을 것이다.

하지만 "저는 어떤 고객으로부터 편지 한 통을 받은 적이 있습니다. 그 편지에는….″이라고 구체적인 경험을 이야기한 뒤, "우리 회사의 존재 의의는 그런 우리를 기다려주는 고객을 위해 존재한다는 것입니다.″라고 경영이념을 연결시켜 이야기하면 마음에 깊이 남게 된다.

평이하거나 추상적이어서 옅어지기 쉬운 이념이나 정신도 구체적인 경험과 조합하는 방식을 통하여 공감할 수 있는 메시지로 바꿀 수 있다.

웃음을 통한 공감

세토우치 쟈쿠쵸 씨는 공감을 얻는 화법을 누구보다 잘 구사하는 사람이다. 강연회를 하더라도 언제나 사람들이 만원을 이룬다. 세토우치 씨의 화법에서 배울 수 있는 것은 항상 웃음이 있다는 것이다.

우리가 자칫 빠지기 쉬운 함정은 내용을 전달할 때 중요한 의미만을 전달하려는 생각에 이야기가 딱딱해지거나 무미건조해지기 쉽다는 것이다.

거래처에 가서도 업무와 관련된 용건만을 전달하면 아무런 교감도 없고 공감을 얻을 수도 없다. 세토우치 씨처럼 즐거운 유머를 구사하면서 중요한 내용을 전달하는 것이 상대에게 공감을 얻는 비결이다.

세토우치 씨의 웃음의 포인트는 세 가지다.

어떤 업계나 전문 분야에 오랫동안 종사하다 보면 그곳에서만 통용되는 언어나 감각, 사고방식에 젖기 쉽다. 세토우치 씨의 경우는 승려이기 때문에 불교문화에 입각하여 생각하고 생활할 수밖에 없다. 하지만 그런 감각으로 줄곧 설법을 하면 보통 사람의 감각과 어긋나기 때문에 졸리기만 할 것이다. 전형적인 예로 시야가 좁은 학자를 들 수 있다. 그들은 자신이 거쳐온 학문으로 머릿속이 가득 차 있기 때문에 일반인의 감각을 따라가지 못하고 지루한 이야기만 늘어놓는다.

하지만 세토우치 씨는 항상 보통 사람의 감각에서 이야기한다. 세토우치 씨가 덴다이지(天台寺)에서 한 설법(1995년 11월 5일)을 보면 보통 사람의 감각에 호소하는 유머로 가득 차 있다. 예를 들면 다음과 같은 표현이 있다.

"장례를 치르려면 돈을 내야 합니다. 재를 올리려면 돈을 내야 합니다. 여러분, 시주를 하고 싶지 않지요? 1,000엔

짜리 한 장이라도 줄이고 싶어서 망설여지지요?"

이런 식으로 듣는 사람의 마음을 짚어낸다. 그럴 경우, 듣는 쪽도 자연스럽게 공감하게 된다.

이 방식은 나도 수업에서 가끔 사용한다.

"사실은 졸려서 빨리 집에 돌아가고 싶지요?"라거나 "슬슬 배가 고플 때가 되었지요?"라고 말하면 모두 한바탕 웃음을 터뜨린다.

우선 듣는 사람과 같은 입장에 서서 같은 감각으로 호소해야 한다. 상대가 보통 사람이라면 보통 사람의 감각으로 이야기하는 것이다.

솔직하게 말한다

솔직함도 상대로부터 공감을 얻기 위한 중요한 요소다. 세토우치 씨는 득도한 승려이지만 큰스님답지 않은 솔직함이 있다. 덴다이지에서 설법을 하는 도중에 이런 말을 했다.

"극락이 있느냐, 지옥이 있느냐 하는 질문을 자주 받는데 저는 아직 한 번도 죽어본 적이 없기 때문에 잘 모릅니다. 먼저 돌아가시는 분이 계시면 좀 가르쳐주십시오. 그때쯤 이면 저세상과 이 세상이 팩스를 주고받을지도 모르니까 요. '지옥은 있다'라는 식으로 알려주십시오."

극락, 지옥이라고는 말하지만 정말로 그런 곳이 존재하는 지는 알 수 없는 일이다. "그런 곳이 있으면 왜 모를까?" 하는 것이 모든 사람들의 속내일 것이다. 세토우치 씨는 그런 질문에 대해 "저도 죽어본 적이 없기 때문에 잘 모릅 니다."라고 솔직하게 말했다.

여기에서도 보통 사람의 감각에서 이야기하는 세토우치 씨의 모습을 엿볼 수 있다. 큰 인물이 되어도 젠체하지 않 는 그 솔직함이 공감을 부르는 것이다.

마음을 헤아리는 능력을 연마한다

웃음의 가장 큰 효용은 함께 웃는 것이다. 웃음을 통하여 감정을 공유할 수 있기 때문이다. 사실 인간관계를 만드는 최고의 방법은 소리 내어 함께 웃는 것이다. 가볍게 미소를 짓는 것도 좋지만 소리 내어 웃을 수 있다면 허심탄회한 사이라는 증거다.

여성이 남성과 데이트를 하면서 진심으로 웃고 있을 때에는 상대를 좋아하는 경우가 많다고 한다. 심리학 전문가의 말을 빌리면, 사람은 좋아하는 이성 앞에서는 적극적으로 웃는다고 한다.

어쨌든 웃는다는 것은 감정을 공유하고 인간관계를 잇는 최고의 방법이기 때문에 세토우치 씨처럼 사람들을 호탕하게 웃게 만들 수 있다면 그것은 이미 설법을 듣는 사람들 전체와 인간관계를 구축한 것과 같다.

세토우치 씨는 당의즉묘(임기응변)로 유머를 사용하여 사람들을 웃게 만들지만 그것은 조크를 많이 알고 있다거나 유머가 재미있기 때문만이 아니다. '상대는 이렇게 느낄 테니까 이렇게 말한다.'라는 식으로 상대의 마음을 헤아리는 능력이 높기 때문이다.

그는 작가로서도 인간의 심리를 관찰하고 마음을 헤아리는 능력을 연마해왔다. 그 결과, 청중들의 생각을 헤아리고 전체를 웃음으로 감싸는 유머를 적절하게 구사할 수 있게 된 것이 아닐까.

웃음의 본질은 틈새나 관계성에 있다. 상대를 웃기기 위해 어설프게 술수를 부리는 것보다는, 우선 상대가 어떻게 생각하고 있는지 그 마음을 헤아리는 능력을 연마하는 것이 더 중요하다.

2장

공감을 얻는
프로의 언어

마음에
다가간다

07

우선 상대를 칭찬한다

부탄의 젊은 국왕이 결혼 직후 왕비를 데리고 일본을 방문했을 때의 인상은 매우 강렬했다. 당시는 동일본 대지진이 발생한 직후였는데, 국왕 부부는 재난 지역을 직접 돌아보며 일본 국민에게 진심 어린 위로를 건넸다.

이처럼 상대의 마음에 다가갈 수 있는 언행은 깊은 공감을 얻는다. 일본 국민은 단번에 부탄의 왕추크 국왕과 왕비의 팬이 되어버렸다. 왕추크 국왕이 일본의 국회에서 한 연설은 정말 훌륭했다. 핵심은 그가 상대에 대해 최대한의 경의와 칭찬을 보여주었다는 것이다.

이처럼 공감을 얻고 싶다면 우선 상대를 확실하게 인정하고 칭찬할 줄 알아야 한다. 칭찬하고, 또 칭찬하라고 하면 너무 과한 것이 아니냐고 반문할 수 있지만 상대의 장점을 분명하게 말로 표현하는 것이야말로 중요한 화법이다.

이것은 쑥스러움이 많고 소극적인 일본 문화에서는 찾아보기 어려운데, 그 때문에 일본인은 '자기긍정 능력'이 다른 나라에 비하여 현저하게 낮은 편이다.

왕추크 국왕은 행동뿐 아니라 연설에 있어서도 일본이 갖추고 있는 자질이나 가치를 확실하게 칭찬하는 것으로 깊은 인상을 심어주었다. 재난 지역을 둘러본 왕추크 국왕의 연설은 몇 번을 반복해서 읽어도 우리의 마음을 흔들고, 자신감을 되찾을 수 있게 해준다.

—

여러분은 일본 및 일본 국민의 훌륭한 자질을 보여주었습니다. 다른 나라였다면 국가를 원망하고 무질서와 대혼란과 비탄 속에서 헤어 나오기 어려웠을 텐데 여러분은 최악의 상황에서조차 정신적 안정감, 자신감, 규율, 강인한 마음을 가지고 대처했습니다. 문화와 전통, 가치에 확실하게 뿌리를 내린 이런 탁월한 자질의 조합은 현대사회에서 찾아보기 어려울 것입니다. 모든 나라가 이런 자질을 열망하지만 이것은 일본인 특유의 불가분의 요소입니다. 이런 가치관이나 자질은 짧은 시간에 갖추어진 것이 아니라 몇 세기에 걸쳐 역사를 통해 전해 내려오는 것입니다. 그것이 몇 년, 몇십 년 만에 사라질 리는 없습니다. **이런 자질을 갖춘 일본에는 정말로 멋진 미래가 찾아올 것입니다.**

이 자질을 바탕으로 일본은 역사를 통하여 모든 역경으로부터 재기하고, 전 세계에서 가장 성공한 나라의 하나로 지위를 구축해왔습니다. 새삼 주목해야 할 점은 일본이 주저하지 않고 전 세계 사람들과 자국의 성공을 항상 나누어왔다는 것입니다. (중략)

(2011년 11월 17일, 중의원 의회장에서)

—

이 정도의 칭찬을 들으면 왠지 낯간지러운 느낌도 들지만 왕추크 국왕의 연설을 통하여 일본인들은 절망적인 상황에서 자신들이 가진 장점을 돌아보는 기회가 되었다. 일본인은 역사적으로 강인함과 근면함, 정신적 안정감을 갖춘 민족이라는 것을 외부에서도 보고 인정한다는 말이기 때문이다. 그런 평가를 받는다면 당연히 자신감을 가지고 위기를 극복하기 위해 노력할 것이다.

　최근의 일본은 자살률이 높아져서 이대로 내버려둔다면 부정적인 방향으로 흘러가기 쉬운 상황에 놓여 있다. 기본적으로는 성실하지만 자기부정적으로 흐르기도 쉽다. 앞으로 사회에서는 '자기긍정 능력'이 매우 중요한데, 이렇게 구체적으로 칭찬을 받으면 긍정적인 힘이 더해진다.

　왕추크 국왕처럼 장점을 칭찬해서 힘을 주는 사람이 가까이에 있다면 그 사람에게 공감하지 않을 수 없다. 상대에게 공감을 얻으려면 상대를 부정하지 말아야 한다. 칭찬하고, 칭찬하고, 또 칭찬할 줄 알아야 한다.

08

듣는 사람의
가치를 발견한다

　사람은 뜻밖으로 자신의 가치를 깨닫지 못하는 존재다. 부
탄 국왕으로부터 장점을 전해 듣고 일본 사람들이 자신감을
얻게 되었듯, 그 가치를 발견하고 말을 해주면 상대로부터
커다란 공감을 얻을 수 있다.

　나이를 지나치게 의식해서 늘 긴 스커트만 입는 여성이 있
었다. 그녀에게 어떤 사람이 이런 식으로 조언을 해보았다.

　"종아리가 늘씬해서 무릎이 드러나는 짧은 스커트를 입는
쪽이 훨씬 세련되어 보이실 것 같습니다."

　다음에 만났을 때, 여성은 무릎 길이의 스커트를 입고 나

왔는데 매우 젊고 세련되어 보였다. 무엇보다 여성 자신이 기분이 매우 좋아 보였는데, 조언을 해준 사람을 보더니 먼저 다가와 악수를 청했다.

스스로도 깨닫지 못하는 매력이나 가치를 발견해준다면 그 사람에 대한 공감력은 단번에 올라간다.

이것은 교사도 수업 시간에 흔히 사용하는 방법이다. 학생들은 자신의 가치를 깨닫지 못하고 있는 경우가 많다. 자신이 그린 그림이 어느 정도인지 모르는 경우에 선생님이 "네 그림은 정말 훌륭하다. 꽃이 마치 살아 있는 것 같아."라는 식으로 말을 해주면, 더욱 멋진 그림을 그리게 된다.

다른 사람의 말을 통해 비로소 가치를 깨닫는 경우가 있기 때문에 그런 식으로 말해주는 사람이 있으면 그 사람의 말에는 자연스럽게 공감을 하고 한 수 접어주게 된다.

회사에서도 원하지 않는 부서에 배속되어 우울해하는 사람에게 "자네는 스스로 깨닫지 못할 수도 있지만 첫인상이 편안하고 호감을 주기 때문에 뜻밖으로 영업에 자질이 있을지 몰라. 인사부에서도 자네의 그런 잠재 능력을 발견하고 우리 부서에 배속했을 거야."라고 말해주면 본인도 의욕적으로 바뀔 뿐 아니라 그런 말을 해준 사람에게도 호감을 가질 것이다.

09

친구라는 의식을
갖게 한다

자신보다 지위가 높거나 덕망이 있는 사람이 자세를 낮추고 같은 눈높이로 이야기를 해주면 그것만으로 기분이 좋아서 그 사람의 팬이 되어버린다.

신란은 일본 역사 속에서 아마 가장 공감력이 높은 승려일 것이다. 그는 제자들을 사제지간이 아니라 같이 일하는 동료나 친구로 대했다. 지도자, 스승이라는 위로부터의 수직적인 시선이 아니라 상대와 같은 입장에 서는 자세가 제자들뿐 아니라 신자들에게도 많은 공감을 불러일으켰다.

—

나 신란은 제자를 한 명도 두지 않았다. 나의 연구나 노력을 통하여 사람들이 '불심'을 갖게 할 수 있다면 나의 제자라고 말할 수 있을 것이다.

하지만 염불을 욈으로써 믿음을 갖게 된 사람들을 나의 제자라고 생각하는 것은 커다란 착각이 아닐 수 없다.

만나야 할 인연이라면 함께 걸을 것이고, 헤어져야 할 인연이라면 헤어질 것이다. 그러므로 스승을 등지고 다른 사람에게 가르침을 받으면 깨달음을 얻을 수 없다는 말로 상대를 제자로 삼으려는 생각은 틀렸다.

(가네코 다이에이,《단니쇼(歎異抄)》 중에서)

—

신란은 인간관계에서 상하 관계를 절대 만들지 않으려고 했다. 자신은 다른 사람과 마찬가지로 부처에게 맡겨진 몸이며 염불을 외는 한 사람에 지나지 않는다는 것이 신란이 사람들로부터 공감을 얻는 중요한 요인이다.

"나는 지식이 풍부하기 때문에 너에게 가르쳐주는 것이다."가 아니라 같은 목적이나 목표를 향하고 있는 사람끼리, 수행하는 사람들이 모여 아미타불과 함께 수행을 한다는 그

가르침에는 처음부터 공감하기 쉬운 관계성이 갖추어져 있었다.

이처럼 위에 있는 사람이 같은 지평의 관계성을 만들어 '함께하자'는 자세를 보이면 그 자체가 미덕이 되어 사람들의 공감을 얻을 수 있다.

나는 얼마 전 한 고등학교에서 훌륭한 연구수업을 참관할 기회가 있었다. 생물 관찰 수업이었는데, 그날 그 교실에서 가장 흥분했던 사람이 생물 교사였다. 그 교사는 지금까지도 수십 차례나 같은 관찰 실험을 해온 경험이 있을 테지만 "이것 좀 봐. 여기에서 포자들이 흩어지는 모습이 보이지?"라는 식으로 정말 기쁘고 설레는 모습으로 수업을 진행했다. 학생들과 함께 관찰 실험을 즐기는 마음을 공유한 것이다. 내게도 교실 전체의 설레는 분위기가 전해져 와 정말 훌륭한 수업이었다는 생각이 들었다.

반대로, '교사라는 위치'를 내세우거나 '선배라는 위치'를 내세워 권위적인 태도를 보인다면 공감은 얻기 어렵다. 하물며 체벌이나 고함으로 다른 사람을 지배하려 할 때는 반발만 살 뿐이다.

그런 권위적인 태도가 전혀 없었던 신란의 교단이 일본 전역으로 퍼져나가게 된 것은 충분히 이해할 수 있는 현상이다. 정토진종(淨土眞宗)의 강인함은 모두가 같은 친구라는, 강렬한 공감과 인연에 의해 빛을 발한다.

이처럼 서로를 친구로 인정하고 공감을 얻는 조직을 만들 수 있다면 가장 강력한 집단이 될 것이다.

10

주인 의식을
환기시킨다

다른 사람들을 내 뜻대로 움직인다는 건 쉬운 일이 아니다. "이렇게 해!" 하고 위로부터 명령을 내려도 제대로 따르지 않는 경우가 있고, "부탁합니다." 하고 낮은 자세를 보여도 뜻대로 해준다는 보장은 없다.

따라서 다른 사람을 움직이고 싶다면 우선 자신의 이야기에 공감하도록 만들어야 한다. 그리고 상대가 자신의 의지로 '그렇게' 움직이도록 이끌어야 한다. 이에 가장 효과적인 방법이 '주인 의식'을 환기시키는 것이다.

보이지 않고 들리지 않고 말도 할 수 없는 삼중고를 짊어진 헬렌 켈러는 사람을 움직이는 능력이 뛰어난 사람이었다. 그녀가 하는 연설의 두드러진 특징은 청중에게 주인 의식을 환기시키는 것이었다.

—

기회는 변덕쟁이 여성과 같다는 말을 들은 적이 있을 것입니다. 그녀는 모든 사람의 문을 노크하지만 단 한 번씩뿐입니다. 그리고 문이 즉시 열리지 않으면 지나가버리고 두 번 다시 돌아오지 않습니다. 맞습니다. 매력적인 여성은 기다려주지 않습니다. 문을 열고 붙잡지 않으면 지나가버립니다.

저를 그 기회라고 생각해주십시오. 저는 여러분의 문을 노크하고 있습니다. 부디 저의 노크에 응해주십시오. (중략)

이것이 제가 여러분에게 가져온 기회입니다. (중략)

보이는 눈을 가지고 있고, 들리는 귀를 가지고 있으며, 강력하고 용감하고 친절한 여러분에게 부탁드립니다. 부디 맹인을 위해 어둠과 싸워주는 기사가 되어주시지 않겠습니까?

(1925년 6월 30일, 미국 오하이오 주 시더포인트 라이온스클럽 국제대회에서)

—

헬렌 켈러는 부탁하러 온 것이 아니었다. "저는 기회입니다.", "여러분에게 기회를 드리기 위해 왔습니다."라고 분명하게 말하고 있다.

이 말은 정말 흥미롭다. "부탁드립니다." 하고 고개를 숙이는 것이 아니라 "이것이 여러분에게 기회입니다."라고 말하는 방식은 자칫하면 오만하게 들릴 수도 있지만 상대의 의식을 일깨워준다는 점에서는 효과가 있는 화법이다.

봉사활동도 그렇지만 의무감으로 무슨 일을 한다는 것은 본인에게는 물론이고 상대에게도 기분 좋은 일이 아닐 것이다. 하지만 자신에게 '기회'라고 받아들여 참가한다면 눈에 보이는 세상이 달라진다.

내가 근무하고 있는 대학에서도 교사 자격을 취득하려면 교육 실습과 간호 체험이 의무화되어 있는데, 학생들을 실습에 내보낼 때 나는 늘 이렇게 말한다.

"이 실습을 하는 것은 여러분의 의무입니다. 하지만 이런 경험은 좀처럼 할 수 없습니다. 자격증도 없는데 간호 현장에 나가거나 교단에 서는 경험을 하게 해주는 사람은 없으니까요. 다시 말해서 이것은 여러분에게 기회입니다."

학생들은 돌아와서 하나같이 "가보기를 잘했어요.", "의식이 완전히 바뀌었어요."라고 입을 모아 말한다. "의무라서 어쩔 수 없이 간다."가 아니라 "이것은 내게 기회다."라고 생각하는 적극성이 더 다양한 경험을 쌓는 계기가 되는 것이다.

헬렌 켈러도 '기회'라는 키워드로 상대에게 주인 의식을 환기시켰다. 그리고 '보이는 눈을 가지고 있고, 들리는 귀를 가지고 있으며, 강력하고 용감하고 친절한 여러분'에게 '어둠과 싸워주는 기사'가 되어달라고 호소한다. 그야말로 마음을 흔드는 호소가 아닐 수 없다. 청중은 누구나 자신의 의지로 싸우는 '기사'가 되려 할 것이다.

상대의 가치, 상대의 장점을 인정하고 "여러분에게 기회입니다."라고 말하는 쪽이, 단순히 "기부를 부탁드립니다."라는 말보다 훨씬 공감을 얻기 쉬운 강력한 '부탁'이 된다.

《영업 사원은 '부탁합니다!'라는 말을 하는 것이 아니다!》라는 책이 있었다. 영업이나 판매를 할 때도 단순히 "구입해주십시오."라고 부탁하는 것이 아니라 "이 상품을 구입할 수 있다는 것은 당신에게 기회입니다."라는 식으로 화법을 바꾸어야 한다. 그렇게 하면 상대의 주인 의식이 환기되고 자연스럽게 공감을 이끌어내 상품에 관심을 갖게 할 수 있다.

주인 의식을 갖게 하는 화법으로는 올리버 스톤 감독의 연설도 참고가 된다. 올리버 스톤 감독만큼 권력을 두려워하지 않고 직접적으로 발언하는 사람은 보기 드물다. 그가 일본을

방문해 원수폭(原水爆) 금지 세계대회에서 한 연설에는 주인
의식을 환기시키는 화법이 사용되었다.

—

핵무기 등은 미국이 전쟁에 사용하는 무기의 극히 일부에
지나지 않습니다. 미국은 역사상 최강이며 최대의 군사 국
가입니다.

여러분, 이 점을 어떻게 생각하십니까? 이 점에 대해 분노
를 느껴야 합니다. 제가 화를 내는 것과 마찬가지로 여러분
도 화를 내셔야 합니다.

(2013년 8월 6일, 원수폭 금지 세계대회 히로시마 대회장에서)

—

예술을 하는 사람으로서 이렇게 직접적으로 상대에게 호
소하는 연설은 드물다. 올리버 스톤 감독은 "여러분이야말로
화를 내야 합니다."라고 말하는 방식으로 주인 의식을 환기
시키고 있다.

핵무기에 관하여 어렴풋한 인식만 가지고 있던 사람이 이
연설을 들으면 "아, 우리가 당사자구나. 그래, 우리가 먼저 바
꾸어야 해."라는 사실을 깨닫게 될 것이다. 이렇게 대신 말해

줌으로써 사실은 자신들이 해야 할 일이라고 생각하게 만드는 것이 언어가 가진 힘이다.

대학에서 교원 과정을 가르치는 나의 일도 '주인 의식'을 환기시키는 것에 해당한다고 말할 수 있다. 나는 "너희들이 교사가 되고 싶다고 말하고 있으니까 당사자는 내가 아니라 너희들이다. 그렇다면 지금 이대로 있어서는 안 되는 것이다."라는 식으로 끊임없이 말하고 있다. 교사라는 일은 그 어떤 분야보다 주인 의식이 매우 중요하기 때문이다.

그러나 이것은 사실 교사라는 일에만 해당하는 것이 아니다. 기업 경영자나 인사 부서에서 일하는 사람에게 어떤 직원을 원하느냐고 물어보면 모두 "주인 의식이 있는 사람을 원한다."라고 말한다. 자신이 주인이라는 의식을 가지고 스스로 판단하고, 책임을 지고, 행동할 수 있는 사람을 원하는 것이다.

하지만 실제로 주인 의식을 가지고 있는 사람은 많지 않다. "당신이 당사자이고 주인입니다."라는 말을 듣지 않으면 알지 못한다. 그래서 올리버 스톤 감독 또한 언어의 힘을 통하여 잠들어 있던 주인 의식을 일깨워준 것이다.

불교에서도 "당신이 부처입니다.", "당신 안에 있는 부처가 깨어나도록 해야 합니다."라는 메시지가 기본이다. 깨달음이

란 자기 자신이 주인이라는 사실을 자각하는 것이라고 할 수도 있다.

종교에서뿐 아니라 정치나 교육에서도 주인 의식은 반드시 필요하다. 그것을 환기시키는 힘이 언어에 있다. 강력한 힘이 깃들어 있는 정치가나 교육가의 연설들을 참고하면 보다 힘있게 호소하여 상대를 움직일 수 있을 것이다.

11

어떤 입장에서 말하는지
명확히 밝힌다

말할 때 자신이 어떤 입장에서 이야기하는가는 대화의 방향성을 결정하거나 관계성을 구축함에 있어서 매우 중요하다. '개인적으로' 이야기하는 것인지, '부장의 입장에서' 이야기하는 것인지, '아버지의 입장에서' 이야기하는 것인지, '남성의 입장에서' 이야기하는 것인지 그 입장에 따라 견해는 완전히 달라진다.

공감을 얻고 싶다면 상대의 입장에 서서 이야기해야 한다. 2004년 아프리카 여성으로서 최초로 노벨평화상을 수상한 케냐의 왕가리 마타이는 '모타이나이(Mottainai, 아깝다)'라는 일본의 환경 운동을 널리 퍼뜨린 인물로 잘 알려져 있다. 마타이가 노벨평화상을 수상했을 때 한 연설은 '~로서'라는 입장이 명확하게 제시된 훌륭한 내용이었다.

—

이 상을 받는 최초의 아프리카 여성으로서 저는 케냐와 아프리카, 나아가 전 세계의 대표라는 마음으로 이 상을 받겠습니다. 저는 특히 여성들과 소녀들을 마음에 담아두고 있습니다. 그녀들의 목소리를 듣고, 리더십을 발휘할 수 있는 장소를 보다 많이 부여하는 것이 그녀들에게 용기를 주는 길이라고 생각합니다.

저는 이 영예가 남성들에게도, 젊은 사람들과 노인들에게도 커다란 존엄을 부여해줄 것이라고 생각합니다. 어머니로서, 저는 이 격려가 젊은이들에게도 전해져 그들이 그 꿈을 좇을 수 있도록 힘이 되어줄 것이라고 생각합니다.

(2004년 12월 10일, 오슬로에서 열린 노벨상 수상 기념 강연에서)

—

마타이가 훌륭한 점은 자신이 어떤 사람들을 대표하는 입장에서 그 자리에 서 있는 것인가를 명확하게 밝히고 있다는 것이다. 이 경우에는 아프리카 여성으로서 최초로 노벨평화상을 수상한다는 의미가 있다. 그리고 아프리카 케냐의 대표로서 그 자리에 있다는 의미도 있다. 나아가 전 세계의 대표라는 마음으로 상을 받겠다고 말을 잇는다.

노벨상을 수상한 사람은 대부분 "이것은 저 개인이 받는 상이 아닙니다. 저는 ○○를 대표하여 이 자리에 서 있을 뿐입니다."라는 식으로 말하는데, 마타이의 경우에는 노벨상을 받는 최초의 아프리카 여성이라는 점을 스스로 분명하게 이해하고 있다.

그와 동시에 이 수상이 누구에게 영향을 끼치기를 바라는가 하는 점을 의식하고 있다. 이 상은 그녀가 개인적으로 받는 것이 아니다. 그렇기 때문에 아프리카 여성 전체가 자신감을 가져야 한다고 마타이는 말한다. 그녀가 이런 형태로 세계적인 상을 수상하면 다른 아프리카 여성들도 자신감을 가질 수 있다. 즉, '개인으로서' 이 상을 받는 것이 아니라 '아프리카 여성으로서' 받는다는 데 큰 의의가 있는 것이다.

'어머니로서' 젊은 사람들에게 이 메시지를 전하고 싶다는 말도 했다. '~로서'는 관계성을 명확하게 하여 상대의 공감을 환기시키는 화법이다. 그렇기 때문에 자신이 무엇인가를 전하려 할 때에는 스스로가 '어떤 사람으로서' 그 자리에서 이야기하고 있는지 입장을 분명하게 밝혀야 한다. '회사의 대표'인지, '손님'인지, '개인'인지를 분명하게 의식하고 명확하게 밝히면 설득력이 높아진다.

'~로서'는 한 가지가 아니어도 상관없다. "개인으로서는 이러이러하지만 팀의 일원으로서는 이러이러하다." 하는 식으로, 상대에 따라 보는 관점을 바꿀 수 있다.

이것은 상대와 의견이 맞지 않을 때 더욱 중요한 화법이다. "판매자로서는 그 의견에 당연히 찬성하지만 소비자로서는 과연 어떻습니까?"라는 식으로 말하면 상대를 자극하지 않기 때문에 적절한 공감을 얻게 된다. 적어도 무조건 부정하는 것보다는 더 공감을 얻을 수 있다.

어쨌든 개인의 입장에는 한계가 있기 때문에 다양한 입장에 서서 다면적으로 생각할 수 있어야 한다. 특히 공감을 얻고 싶은 대상의 입장도 생각하면서 자신의 위치를 명확히 밝히고 말할 수 있어야 한다.

= 공감을 얻고 싶은 상대 입장에서 말한다 =

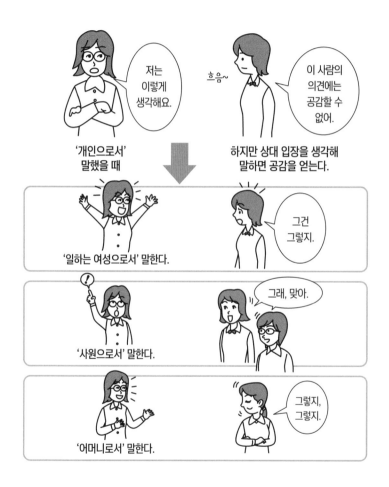

12

복장이 공감을
불러일으킨다

인도 독립의 아버지 간디는 역사에 남을 정도로 많은 사람들의 공감을 얻었던 인물이다. 국가를 초월하고, 민족을 초월하고, 시대를 초월하여 간디에게 보내는 사람들의 공감은 폭넓게 퍼져나갔다. 그러나 그가 주장한 비폭력, 불복종이라는 사고방식이 사람들에게 처음부터 설득력 있게 받아들여진 것은 아니다.

간디는 인도 전역을 돌면서 사람들과 대화를 계속했다. 때로는 10만 명이 넘는 군중을 앞에 두고 이야기한 적도 있으니까 엄청난 영향력이다. 그러다 결국 체포되었는데, 그때 간디가 취한 행동은 놀라웠다. 변호사이기도 했던 그는 스스로를 유죄라고 주장했다.

—

비폭력은 저의 신조 중에서 첫 번째 조항이며 동시에 마지막 조항이기도 합니다. 그러나 저는 선택하지 않을 수 없었습니다. 인도에 회복 불가능한 위해를 끼쳤다고 생각하는 현재의 시스템에 굴복할 것인가, 아니면 이 입으로 진실을 밝혀서 인도 민중의 분노를 폭발시킬 위험을 감행할 것인가 하는 선택이었습니다.

인도 민중이 지금까지 몇 번이나 분노를 폭발했던 것은 저도 알고 있으며 깊은 유감으로 생각합니다. 따라서 저는 이 법정에서 가벼운 죄가 아닌 최고의 형벌을 받겠습니다.

저는 사면을 원하지 않습니다. 정상참작도 원하지 않습니다. 저는 이 자리에서, 법률에 의하면 고의 범죄에 해당하지만 한 사람의 시민으로서는 당연한 의무라고 여겨지는 행위 때문에 받게 되는 **최고의 형벌이 선고되기를 원하며, 또한 그 형벌을 순순히 받아들일 것입니다.**

재판장님, 저의 정식 진술은 이후에 하겠습니다만 재판장님이 선택할 수 있는 길은 두 가지밖에 없습니다. 재판장이라는 직함을 내려놓거나, 재판장님이 지지하는 정부 시스템과 법이 인도인을 위해 바람직한 것이라고 믿으신다면 저에게 가장 무거운 형벌을 부과하는 것입니다.

(1922년 3월 23일, 아마다바드의 법정에서)

—

이 법정에서 영국은 위기에 몰려버렸다. 간디를 체포하기는 했지만 간디 자신이 "나는 유죄다."라고 주장했기 때문에 이러지도 저러지도 못하게 된 것이다. 결국 간디는 금고 6년형을 선고받지만 투옥되었다가 석방된 이후에도 몇 번이나 단식투쟁을 반복하고 형무소를 들락거렸다.

간디의 이 불굴의 정신, 물러서지 않는 결의가 사람들의 공감을 불러일으켜 역사를 움직였다.

한편, 흥미 있는 점이 있다. 간디가 사람들과 독립운동을 전개할 때 인도 민족의상을 입은 것이다.

원래 간디는 영국에서 서양식 교육을 받은 사람으로, 변호사 시절에는 말끔한 양복을 입고 다녔다. 그 후, 남아프리카공화국으로 가서 변호사 사무실을 개업했는데, 인도인들이 차별 대우를 받는 것을 보고 인권 의식에 눈을 뜨게 되었고, 인도로 귀국하여 독립운동을 시작했다.

따라서 젊은 시절의 간디는 양복이 어울리는 말끔한 신사였다. 그런데 인도로 돌아온 뒤 우리가 익히 잘 알고 있는 간디 스타일로 변했다. 자신의 생각을 더 강력하게 전달하기 위해 민족의상을 입고 스스로 저항의 상징물이 된 것이다.

만약 간디가 종주국인 영국의 양복을 걸치고 있었다면 그 정도의 공감은 얻지 못했을 것이다. 기껏해야 복장이나 외모에 지나지 않지만 그래도 보이는 것은 그만큼 중요하다.

그렇기 때문에 나도 지방으로 강연을 갈 때에는 가능하면 그 지방에 어울리는 복장을 하거나 소지품을 휴대하려고 신경을 쓴다.

예를 들어 얼마 전 오카자키(岡崎) 시에서 강연 의뢰를 받았을 때에는 오카자키 출신인 도쿠가와 이에야스(德川家康) 사망 400주년(2015년 기준)을 기념하여 만든 배지(badge)가 있길래 재빨리 그것을 받아 양복에 부착하고 강연을 했다.

"여러분, 눈치채셨습니까? 그렇습니다. 이것은 도쿠가와 이에야스를 기념하여 만든 배지입니다. 2015년은 그가 세상을 뜬 지 400년이 되는 해입니다. 여러분, 도쿠가와 이에야스가 태어난 이 오카자키 시를 더욱 발전시키기 위해 우리 모두 노력합시다!"

사실 별것 아니었지만, 강연장은 함성으로 들끓었다.

지역을 다니다 보면 그 지역을 대표하는 위인들을 기념하여 만든 티셔츠를 종종 보게 된다. 일본 메이지유신의 주역 사이고 다카모리(西鄕隆盛)를 기념하는 티셔츠, 소설가 다자이 오사무(太宰治)를 기념하여 만든 티셔츠 등이 있다. 그런 옷을 입으면 나 자신도 왠지 지역 주민들과 친근해진 듯한 느낌이 든다. 내 강연을 듣는 사람들도 기뻐해준다. 이처럼 상대를 배려한 복장을 연구하는 것도 공감을 얻는 한 방법이다.

또 간디처럼 복장을 통하여 자신의 생각이나 주장을 자연스럽게 어필하는 경우도 있다. 지인 중에도 늘 일본 전통의상을 입고 등장하는 사람이 있는데, 그 복장을 보는 것만으로 그 사람의 사고방식이 전달되는 듯해서 강한 인상이 남는다. 전통이나 사상을 환기시킨다는 의미에서 전통의상의 가치에 대하여 다시 한번 생각해보기도 한다. 전통의상을 입는 것만으로 생각보다 많은 것을 전할 수 있는 것 같다.

13

상대의 공감을 자신의 에너지로 만든다

상대의 입장을 배려하거나 상대의 생각을 이해하는 것, 즉 다른 사람에게 공감할 수 있는 사람은 상대로부터 공감을 얻기도 쉽다. 바꾸어 말하면 다른 사람에게 공감하지 못하는 사람은 상대로부터 공감을 얻기도 어렵다.

방글라데시의 무함마드 유누스는 노벨평화상을 수상한 사람이다. 그는 빈곤한 사람들에게 담보 없이 소액을 대출해주는 '빈곤한 자들을 위한 은행'인 그라민 은행(Grameen Bank)을 창설했다. 주요 고객은 가난한 여성들이었다. 그녀들에게는 담보가 없기 때문에 일반적으로는 어디에서도 돈을 빌릴 수 없다. 유누스는 그런 여성들에게 소액의 돈을 대출해줌으로써 자립을 도왔다. 여성들은 그 돈으로 농작물 씨앗을 구입하거나 장사를 하기 위한 상품을 구입했다. 그리고 수입이 들어오면 다시 융자를 받아 사업을 확장시켰다.

가난한 사람들에게, 더구나 담보 없이 대출을 해준다고 하면 일반적으로는 혹시 대출금을 회수하지 못하는 것이 아닐까 걱정을 할 것이다. 하지만 여성들은 상당히 높은 비율로 대출금을 갚았다고 한다.

《무함마드 유누스 자서전》을 읽어보면 그라민 은행으로부터 대출을 받은 한 여성의 말이 실려 있다.

"저는 태어난 이후 줄곧 아무에게도 도움이 되지 않는 사람이라고 생각했어요. (중략) 돈은 절대로 빌릴 수 없는 사람이라고 생각했고, 대출을 받아 그것을 변제한다는 생각은 해본 적도 없었어요."

하지만 60달러를 빌린 그녀는 그 돈으로 송아지와 탈곡을 한 쌀겨를 구입했다. 그것을 바탕으로 첫 융자를 변제한 뒤에, 다음 융자를 받아 땅을 구입하고, 바나나를 심고 가축의 수를 늘렸다.

"지금은 하루에 세 번의 식사를 할 수 있게 되었어요."라고 그녀는 기쁜 마음으로 말한다. 그리고 "그라민 은행은 제게는 어머니와 같은 존재예요. 저에게 새로운 인생을 주었으니까요."라고 감사의 말을 전하고 있다.

유누스는 마이크로크레디트 서밋(Microcredit Summit) 개회식 연설을 할 때, 처음에 돈을 빌려준 사람들의 얼굴을 떠올렸다고 회상했다. 가난한 사람들과 직접 만나 그 사람들로부터 감사와 감동의 말을 듣는 것이 유누스 자신의 감동과 연결된 것이다.

—

저는 수백만 명이나 되는 무담보 대출 고객들과 수천 명에 이르는 직원들에게 감사를 드리고 싶습니다. (중략)
빈곤은 문명화된 인간 사회에서는 사라져야 하는 것이라고 믿고 있습니다. 그것은 박물관에 전시되어야 어울리지요. 이 서밋에서는 빈곤을 박물관으로 보내기 위한 방법을 창조하고 싶습니다.
라이트 형제가 12초 동안의 비행에 성공한 지 불과 64년 뒤 인류는 달에 갔습니다. 이 서밋이 시작된 지 55년 후에는 우리도 우리의 달에 도달할 것입니다. 우리는 빈곤이 없는 세상을 만들어내고 있는 것입니다.
이곳의 에너지를 느끼면서 저는 그런 세상이 반드시 만들

어질 것이라는 자신감을 얻었습니다. 여러분, 우리 함께 그런 세상을 만들어갑시다!

감사합니다.

(1997년 2월 2일, 워싱턴에서 개최된 마이크로크레디트 서밋에서)

—

연설을 끝낸 후, 유누스의 귀에는 전 세계 사람들의 함성이 들렸을 것이다. 그 함성은 이렇게 외치고 있었다.

"우리는 할 수 있다. 우리는 실현시킬 수 있다. 이 장대하고 터무니없어 보이는, 불가능해 보이는 꿈을 현실로 만들자! 우리는 빈곤 없는 세상을 만들 수 있다!"《무함마드 유누스 자서전: 빈곤 없는 세상을 목표로 삼는 은행가》 중에서)

이것도 하나의 공감력이다. 상대에게 공감하고 상대의 에너지를 느껴 자신의 에너지로 바꾸는 것이다. 유누스 자신이 에너지가 넘치는 사람이지만 그 에너지의 원천은 주변 사람들에게 있었던 것처럼.

그렇기 때문에 개인에게 에너지가 있는가도 중요하지만 다른 사람의 에너지를 느낄 수 있는 것도 중요하다. 다른 사람에게 공감하여 공진(共振)할 수 있는 에너지를 충전한다면 더욱 강력한 전달력을 가질 수 있기 때문이다.

교육이 바로 그런 것이다. 동화 작가이자 시인이면서 교육자이기도 했던 미야자와 겐지(宮沢賢治)는 학생들이 기뻐하거나 감동하는 모습을 보면 피로가 단번에 사라졌다고 말했다.

—

지난 4년의 세월은

내게 얼마나 즐거운 시간이었던가.

나는 매일을

새처럼 교실에서 노래하며 보냈다.

맹세하건대

나는 이 일을 하면서

피로감을 느낀 적이 한 번도 없다.

(미야자와 겐지, 《미야자와 겐지 전집》 중에서)

—

다른 사람들이 기뻐하는 모습을 보고 기쁨을 느끼는 사람, 상대가 고민하고 있다면 자신도 그것을 느끼고 어떻게 해야 할지 함께 생각해주는 사람이 하는 말이라면 커다란 공감을 얻을 수 있을 것이다.

3장

공감을 얻는 프로의 언어

이미지를 떠올리게 한다

14

이해하기 쉬운
캐치프레이즈를 반복한다

인종, 국경, 시대조차 초월해서 사람들에게 공감을 얻는 말들이 있는데, 그런 말의 특징은 누구나 이해하기 쉬운 캐치프레이즈를 반복한다는 것이다. 가장 대표적인 것으로는, 링컨이 게티즈버그에 있는 남북전쟁 희생자 묘역 앞에서 한 추도 연설이 있다.

"국민의, 국민에 의한, 국민을 위한 정치(government of the people, by the people, for the people)"라는 구절은 미국 내에서 널리 퍼져나갔을 뿐 아니라 전 세계 사람들의 뇌리에 강하게 남았다. 아마 모르는 사람이 거의 없을 것이다. 그는

'people'이라는 평범한 단어를 전치사를 바꾸면서 세 차례 반복하는 것으로 매우 멋진, 강렬한 캐치프레이즈를 만들었다.

—

지금으로부터 87년 전, 우리의 조상은 자유로운 정신을 바탕으로 사람은 모두 평등하게 창조되었다는 신조를 내건 새로운 국가를 이 대륙에 탄생시켰습니다.

지금 우리는 커다란 내전 상황에서 자유를 바탕으로 탄생한 국가가, 또는 이런 모든 국가들이 오랜 세월 동안 지속될 수 있을지를 시험하는 상황에 놓여 있습니다. 우리는 그런 전쟁의 일대 격전 속에 있습니다. (중략)

그러나 그들이 이곳에서 이룬 것을 결코 잊을 수는 없습니다. 이곳에서 싸운 사람들이 높은 기개를 바탕으로 용감하게 추진해온 미완의 과업을 완성시켜야 할 사람들은 바로 우리 살아 있는 사람들입니다. **우리의 눈앞에 남겨진 위대한 과업에 몸을 바쳐야 할 사람들은 바로 우리 자신들입니다.** (중략)

그것은 명예로운 전사자들이 마지막 힘을 다하여 신명을 바친 위대한 대의를 향해, 그들의 뒤를 이어 우리가 한층 더 강한 헌신을 결의하는 것입니다. 전사자들의 죽음을 결코 헛되게 하지 않기 위해 우리의 믿음을 더욱 굳건히 하고 신의 이름 아래 이 나라가 자유를 새롭게 탄생시켜야 합니다. **국민의, 국민에 의한, 국민을 위한 정치가 이 땅에서 결코 사라지지 않도록 해야 할 것입니다.**

(1863년 11월 19일, 게티즈버그 국립 희생자 묘역에서)

—

링컨의 연설처럼 많은 사람들의 마음을 사로잡아 인상에 남기고 싶을 때는 이해하기 쉬운 캐치프레이즈가 필요하다. 이런 화법은 정치가의 선거 운동 등에서 자주 볼 수 있다.

캐치프레이즈라고 하면 선전 문구로 생각하기 쉽지만 이야기 속에 훌륭한 캐치프레이즈를 도입하면 사람의 마음을 사로잡을 수 있다. 또는 행동을 유발할 수 있는 강력한 설득력을 발휘할 수 있다.

링컨처럼 훌륭한 캐치프레이즈를 만드는 포인트는 세 가지가 있다.

1. 리듬이 좋은 캐치프레이즈를 만든다.

2. 응축한 본질을 평범한 캐치프레이즈로 정리한다.

3. 반복은 세 번이 좋다.

우선, 리듬이 좋은 캐치프레이즈를 만드는 간단한 방법은 운(韻)을 밟는 것이다. 링컨의 '국민의, 국민에 의한, 국민을 위한'은 'People'이라는 운을 밟는 것으로 리드미컬하고 기억하기 쉬워 인상 깊은 말이 되었다.

일본에서도 캐치프레이즈가 성공한 예를 든다면 가루비 제과에서 생산하는 과자 '갓파에비센(かっぱえびせん)'의 '그칠 수 없어, 멈출 수 없어'라는 광고 문구가 있다. '없어', '없어'라고 언어유희처럼 운을 밟고 있는데 리듬이 좋기 때문에 자기도 모르게 그 과자를 먹으면서 "그칠 수 없어, 멈출 수 없어."라고 머릿속으로 되뇌는 사람이 많을 것이다.

마찬가지로, NEC의 광고로 원숭이가 등장해서 '바자루데 고자루(バザ−ルでござ−る)'라고 말하는 것이 있었다. '사루(さる; 원숭이)'와 '바자루(バザ−ル)', '고자루(ござ−る; 있다)'는 아무런 관계도 없지만 라임이 형성되고 귀여운 일러스트가 첨가되어 기억에 남는 광고가 되었다. 이 광고를 제작한 사람은 NHK에서 어린이 대상 프로그램 〈피타고라스 이치〉를 제작하는 미디어 크리에이터 사토 마사히코(佐藤雅彦) 씨다. 그가 만든 광고에는 이런 유희적 감성이 들어간 작품들이 많다.

두 번째로 '응축한 본질을 평범한 캐치프레이즈로 정리한다'는 것은 간단해 보이면서도 사실은 고도의 기술이다. 장황하게 설명하는 것이라면 누구나 가능하겠지만 응축한다는 것은 쉬운 일이 아니다.

공감을 얻고 싶다면 "그렇기 때문에 이런 것이다."라는 것을 간결한 캐치프레이즈로 응축하여 시원하게 표현해야 한다. "미국은 어떤 나라인가?"라는 질문을 들었을 때, 사람에 따라 다양한 대답이 나올 수 있다. "자유와 평등의 나라다."라거나 "다민족 국가다."라는 식으로. 중요한 것은 짧은 캐치프레이즈여야 한다는 점이다.

링컨은 "국민의, 국민에 의한, 국민을 위한 정치가 존재하는 나라다."라는 문장을 이용해 "국민이 중심인 나라다."라고 잘라 말했다. 이것은 미국의 아이덴티티 그 자체다. '자유'를 지키기 위해 국민이 스스로 구축한 나라, 그것이 미합중국이라는 명확한 메시지다.

링컨은 개념을 응축하고 응축해서 '국민 중심의 나라'라는 정의를 내렸다. 캐치프레이즈를 만들 때에는 이렇게 내용을 최대한 응축해야 한다.

그렇게 응축된 캐치프레이즈를 만들어내는 사람이 카피라이터다. 그들은 하나의 문장을 만들어내기 위해 엄청난 시간과 에너지를 쏟아붓는다.

이토이 시게사토(絲井重里) 씨는 대표적인 카피라이터인데, 그는 주식회사 지브리의 영화 〈원령공주〉의 카피를 의뢰받았을 때 고심 끝에 "살아라!"라는 구절을 만들어냈다.

카피라이터로서는 엄청난 용기가 필요했을 것이다. 무엇보다 "살아라!"라는 말은 너무 단순하다. 하지만 그 작품의 본질을 최대한 응축했을 때 가장 적절한 표현은 "살아라!"였다고 그는 설명했다.

따라서 우리가 상대에게 공감을 얻고 싶다거나 호소하고 싶은 것이 있다면 그것을 최대한 응축해서 가장 적절한 언어를 찾는 노력을 해야 한다. 그렇게 해야 상대의 마음속을 파고드는 힘을 갖춘 캐치프레이즈가 될 수 있다.

물론 우리는 카피라이터는 아니기 때문에 응축된 캐치프레이즈를 만드는 것이 쉽지는 않은 일이다. 그럴 때에는 추상적, 관념적, 보편적인 말을 피하고 최대한 평범한 단어를 사용하는 것이 포인트다.

전에 메이지(明治)대학이 창립 120주년 기념 광고를 하게 되었다. 하지만 광고회사에서 나온 것은 '전통과 창조'라거나 '미래를 향한 한 걸음'이라는 평범한 것들뿐이었다. 그래서 나는 학생이 말했던 "메이지대학이니까!"를 카피로 선택하고 메이지대학 출신의 모험가인 우에무라 나오미(植村直己) 씨의 얼굴을 조합한 포스터를 제안했다. "메이지대학이니까!"는 지나칠 정도로 평범한 말이지만 메이지대학의 본질인 기세와 에너지를 단적으로 잘 보여주는 말이라고 생각했다.

이 포스터는 졸업생들에게도 호평을 얻었고 120주년 기념 행사도 성공적으로 끝낼 수 있었다. 관념적, 추상적인 캐치프레이즈보다 평범하지만 한마디로 응축된 캐치프레이즈를 선택한다는 점을 기억해두면 손해는 보지 않는다.

마지막으로 반복에 관해서인데, 링컨은 '국민의, 국민에 의한, 국민을 위한 정치'라고 '국민'을 세 차례 반복했다. 이런 반복을 이용해서 운을 밟으면 보다 리드미컬해진다. 여기에서 중요한 것은 '3'이라는 숫자다.

만약 "국민의, 국민에 의한, 국민을 위한, 국민이 지배하는, 국민이….'라는 식으로 대여섯 번 반복된다면 전체적인 인상이 흐려질 것이다. 세 차례로 압축하는 쪽이 훨씬 느낌이 강하고 기억에 남는다. '3'이라는 숫자는 '신의 숫자'다. 어떤 것이라도 세 가지가 갖추어지면 삼각(三脚)처럼 안정감 있게 설 수 있고, 강력한 힘을 갖추게 된다.

예를 들어 니시테스(西鐵)의 명투수 이나오 가즈히사(稻尾和久)를 칭송하여 한 관중이 "하느님, 부처님, 이나오님!"이라고 외친 말이 지금까지도 사람들의 기억 속에 강하게 각인되어 있는 이유는 세 가지의 단어가 리드미컬하게 반복되었기 때문이다.

이렇듯 공감을 얻기 위한 이야기를 할 때는 앞서 언급한 세 가지의 요소를 갖추고 캐치프레이즈를 만든다는 것도 기억해두길 바란다. 자신들이 내놓는 상품을 네 가지, 다섯 가지가 아니라 세 가지 포인트로 응축하여 캐치프레이즈를 만들어보거나, 세 가지로 응축한 캐치프레이즈를 '결국은 이런 것이다'라고 하나의 캐치프레이즈로 응축해보는 사고 훈련을 하다 보면 많은 사람들의 공감을 얻는 캐치프레이즈를 만들 수 있을 것이다.

= 멋진 캐치프레이즈를 만드는 3가지 포인트 =

❶ 리듬이 좋은 캐치프레이즈를 만든다.

운을 밟아 반복하면 리드미컬해집니다.

'국민의, 국민에 의한, 국민을 위한'
'그칠 수 없어, 멈출 수 없어.'

❷ 응축한 본질을 평범한 캐치프레이즈로 정리한다.

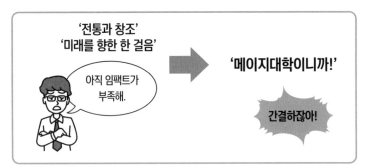

'전통과 창조'
'미래를 향한 한 걸음'

아직 임팩트가 부족해.

➡ '메이지대학이니까!'

간결하잖아!

❸ 반복은 세 번이 가장 좋다.

'국민의, 국민에 의한, 국민을 위한'

15

이미지를 떠올리는 표현을 사용한다

마틴 루서 킹 주니어의 연설은 전 세계적으로 가장 인기 있는 연설 중 하나다. 그는 말로 역사를 바꾼 대표적 인물이라 할 수 있다.

공감이 공감을 부르면 역사가 바뀐다. 킹 목사는 그야말로 언어가 역사를 바꾼다는, 언어의 파워를 상징하는 대표적인 연설을 했다. 그가 한 연설의 가장 두드러진 특징은 이미지를 떠올리기 쉽다는 것이다.

그전에 킹 목사에 관해서 짧게 설명하면, 그는 미국 공민권운동의 리더였다. 당시 미국에서는 버스 좌석이 백인석과

105

흑인석으로 구분되어 있었다. 몽고메리에서 한 흑인 여성이 백인에게 버스 좌석을 양보하지 않고 계속 앉아 있었다는 이유로 체포되자, 그것에 항의하여 이 지역 흑인들이 집단 파업과 버스를 타지 않는 보이콧 운동을 시작했다. 이어 보이콧 운동을 벌이던 지도자들과 흑인 교회 목사들을 중심으로 '몽고메리 진보연합'을 구성했는데, 거기에서 킹 목사가 의장으로 추대되었다.

킹 목사는 철저한 비폭력 항의 활동을 전개했고, 차별을 철폐하는 계기를 만들었다. 또 그 공적을 인정받아 노벨평화상을 받게 되는데, 안타깝게도 그로부터 4년 후 테네시 주 멤피스에서 총을 맞고 암살을 당했다.

킹 목사의 연설은 화법에 강인함과 열정이 넘쳐 청중들의 마음을 뒤흔들었다. 실제 녹음된 목소리를 들으면 언어의 리듬이나 템포, 어조의 강인함을 통해서 "지금 행동하지 않으면 안 된다."라는 사명감이 샘솟는다.

상대에게 공감을 얻고 싶다면 그런 강인한 '육체성'도 중요하다. 처음부터 '내 이야기는 들어주지 않을 거야.'라거나 '어차피 말을 해도 이해하지 못할 거야.'라는 생각으로 소극적으로 이야기를 해서는 공감을 전혀 얻을 수 없다. '어떻게든 전하고 싶다'는 열정과 사명감을 가지고 이야기하는 육체성이나 신체적 자세가 공감을 부르는 것이다.

킹 목사가 한 연설의 특징은 단순한 키워드를 반복한다는 데 있다. 이것은 링컨의 연설과도 공통되는 점이지만 킹 목사의 또 다른 특징은 이미지를 떠올리기 쉬운 구체적인 표현을 자주 사용한다는 것이다. 킹 목사가 워싱턴의 링컨기념관에서 한 유명한 연설이 있다.

—

나에게는 꿈이 있습니다. 그것은 언젠가 조지아 주의 붉은 언덕에서 과거에 노예였던 사람들의 아들들과 과거에 노예를 소유했던 사람들의 아들들이 형제로서 같은 테이블에 앉는다는 **꿈입니다.**

나에게는 꿈이 있습니다. 그것은 언젠가 부정과 억압이라는 불꽃에 잿더미가 되어버린 미시시피 주조차 자유와 정의의 오아시스로 변신시킨다는 **꿈입니다.**

나에게는 꿈이 있습니다. 그것은 언젠가 저의 네 명의 어린아이들이 피부색에 의해서가 아니라 인격 그 자체로 평가를 받는 나라에 살도록 하겠다는 **꿈입니다.**

지금 나에게는 꿈이 있습니다.

나에게는 꿈이 있습니다. 그것은 사악한 인종차별주의자들이 존재하는, 주권우위(州権優位)나 연방법 실시를 거부하는 주지사가 있는 앨라배마 주에서조차 언젠가 흑인 소년, 소녀들이 백인 소년, 소녀들과 형제자매로서 손을 잡는 날이 오도록 하겠다는 **꿈입니다.**

지금 나에게는 꿈이 있습니다.

나에게는 꿈이 있습니다. 그것은 언젠가 모든 골짜기가 높아지고 모든 언덕과 산이 낮아져 울퉁불퉁한 곳이 평지가 되고 구부러진 길이 곧게 펴지고, 하나님의 영광이 나타나 모든 생명들이 그 영광을 함께 볼 수 있게 되기를 바라는 **꿈입니다.**

(1963년 8월 28일, 워싱턴 D.C. 링컨기념관에서)

—

'나에게는 꿈이 있습니다(I have a dream)'는 어떤 나라의 말로 번역해도 너무 단순하기 때문에 어린아이도 이해할 수 있다. 그대로 영어로 말해도 대부분의 아이들은 그 의미를 이해할 것이다.

그리고 어떤 꿈인가에 관하여서는 '이런 꿈'이라고 구체적으로 제시하고 있다. 대표적인 것은 "조지아 주의 붉은 언덕에서 과거에 노예였던 사람들의 아들들과 과거에 노예를 소유했던 사람들의 아들들이 형제로서 같은 테이블에 앉는다는 꿈입니다."라는 문장이다. 마치 영화의 한 장면을 보듯 그 영상이 선명하게 머릿속에 그려지지 않는가?

반복되는 '나에게는 꿈이 있습니다'라는 말과 상대의 머릿속에 이미지가 떠오를 듯한 말을 조합시키면 자신이 호소하고 싶은 내용이 확실하게 상대에게 입력된다.

아무리 올바른 주장이나 정론이라고 해도 그것을 늘어놓기만 해서는 상대로부터 공감을 얻는다는 보장이 없다. 킹 목사가 인종차별의 부당성이나 공민권운동의 정의로움을 곧이곧대로 전달만 했다면 사람들의 마음에 그렇게 깊은 인상을 심어주지는 못했을 것이다. 전하고 싶은 의미를 반복하여 확실하게 언어로 설명함과 동시에 이미지를 떠올리게 할 수 있어야 사람들의 마음에 확실히 입력되어 '이렇게 하고 싶다.', '이런 세상을 만들고 싶다.'는 생각을 이끌어낸다.

텔레비전 광고로 비유한다면, 스포츠카 조수석에는 대부분 스타일 좋은 미녀가 앉아 있다. 자동차의 성능을 이렇다 저렇다 설명하는 것이 아니라 이 자동차를 타면 여성에게 인기를 얻을 수 있다는 이미지를 직접적으로 전하는 것이다.

또 주택 관련 광고 등에서도 주택 그 자체의 성능을 전하는 것뿐 아니라 '아, 이런 집에 살고 싶다.'는 생각이 들도록 이미지를 환기시킨다.

요컨대 이미지 전략이라고 말할 수 있다. 공감을 얻기 위해 확실하게 의미를 전하는 것과 이미지를 환기시키는 것 양쪽을 세트로 구성해서 활용하는 것이다.

붉은 언덕 위의 테이블에 함께 앉아 있는 흑인과 백인의 영상. 이 이미지가 많은 사람들의 마음에 각인되었기 때문에 'I have a dream'은 오래도록 생명을 유지할 수 있는 것이다.

16

상징을 살려
방향성을 공유한다

모두가 공유하고 있는 상징(symbol)이나 영상, 이념이 있을 때 그 이미지를 적절하게 활용하면 깊은 공감을 이끌어낼 수 있다.

나는 게이오기주쿠(慶應義塾)대학 학생들은 운이 좋다고 생각한다. 이 대학에는 후쿠자와 유키치(福澤諭吉)라는 정신적 지주가 있기 때문이다.

일전에 《학문의 권유(学問のすすめ)》와 《후쿠자와 유키치 자서전(福翁自傳)》을 현대어로 번역한 적이 있다. 나는 후쿠자와 유키치야말로 국민 계몽의 중요성을 강조함으로써 일본이

근대사회로 건너오는 데 큰 역할을 한 사람이라고 생각한다. 그가 살아온 인생을 학생 본인의 인생에 도입한다면 그 자체가 방향점이 되어 큰 용기를 심어줄 것이다.

대학이든, 회사든, 국가든 중심을 이루고 있는 상징이나 사상, 본질을 확실하게 알면 그것이 자신의 일부가 되고 삶의 지주가 될 수도 있다.

미얀마 민주화의 리더 아웅 산 수지는 연설에서 학생 운동의 심벌인 '날개를 펼치고 춤추는 공작'의 의미를 더 깊이 이해해보자는 제안을 했다. 이것은 청중의 공감을 얻는 데 매우 효과적이었다.

기업이나 조직에는 자신들의 정체성을 증명하는 로고마크나 이미지, 심벌이 있는데, 그것을 다 같이 공유하면 보다 큰 동력을 모을 수 있다.

아웅 산 수지처럼 심벌이나 상징의 의미를 되새겨보는 방식은 원점으로 돌아가 마음을 다잡는다는 의미에서도 널리 공감을 얻기 쉬운 방법이다.

애당초 심벌이나 로고마크는 그것을 상징적인 이미지로 공유하고, 그 원천에서 하나로 뭉치는 힘을 이끌어내기 위해 만든다. 그렇기 때문에 심벌을 소유하는 것만으로도 공감을 얻기 쉬운 바탕이 이미 만들어진 셈이다.

나아가 그 본질적인 의미를 환기시키는 내용으로 이야기를 진행해가면 듣는 사람도 자연스럽게 관심을 기울이게 된다. 심벌은 존재하지만 본래의 의미를 잊어버린 경우가 많기 때문이다. 심벌을 만드는 것도 중요하지만 동시에 그것이 어떤 의미였는지 다 같이 공유하는 것이 중요하다.

아웅 산 수지는 학생 운동의 상징인 '춤추는 공작'에 관하여 설명을 함으로써 많은 사람들의 생각을 하나로 통합하려 했다. '춤추는 공작'에 관한 연설은 아웅 산 수지가 6년에 이르는 자택연금 생활에서 해방된 해에 민족기념일 식전 행사에서 한 것이다.

—

지금 우리 민족기념일의 심벌은 날개를 펼치고 춤추는 공작입니다. 그러나 현재의 학생 운동의 심벌은 싸우는 공작이 되었습니다.

공작은 춤을 추어야 할 때는 춤을 춥니다. 싸워야 할 때는 싸웁니다. 항상 춤만 추는 것은 아닙니다. 또 항상 싸우는 것만도 아닙니다. 어떤 시기에 싸워야 하는가를 참다운 지성으로 판단해야 할 필요가 있습니다.

우리 학생들은 독립을 달성한 이후에 오직 싸움만 해왔습니다. **싸움만 해온 이유는 언젠가 마음껏 춤을 추기 위해서입니다.** 누구나 싸움은 원하지 않습니다. 피곤하고 지치기 때문입니다. 비참해지기 때문입니다. 싸움은 많은 사람들에게 고통을 안겨줍니다.

학생들은 싸우는 공작이 되어서는 안 됩니다. 그러나 어쩔 수 없기 때문에 싸우는 공작이 되었던 것입니다. (중략)

학생들과 청년들은 젊은이에게 어울리는 즐거운 시간을 보내야 합니다. 싸움으로 시간을 보내서는 안 됩니다. **춤추는 공작처럼 평온한 생활을 해야 합니다.** 지금까지는 어쩔 수 없이 싸워야 하는 공작이 될 수밖에 없었습니다. 그렇기 때문에 앞으로는 청년들이 평온하게 생활할 수 있도록 우리 어른들도 협력을 해야 합니다.

(1995년 11월 16일, 제75회 민족기념일 기념식에서)

—

아웅 산 수지는 '춤추는 공작'을 예로 들어 나름대로의 해석을 첨가했다. 공작은 춤을 추어야 할 때는 춤을 추고 싸워야 할 때는 싸운다. 싸우는 공작보다는 춤추는 공작처럼 평온하게 생활하는 것이 올바른 삶이다. 그러나 자신들은 춤추는 공작처럼 생활하기 위해 아직은 싸울 수밖에 없다고 아웅 산 수지는 말한다. 싸움을 통해서 평화로 가는, 공작이라는 심벌을 놓고 그 프로세스를 상징적으로 떠올리게 하면서 "지금은 이런 상황이기 때문에 싸울 수밖에 없다."고 사람들의 마음에 불을 지피는 뜨거운 연설을 하고 있다.

이것은 심벌의 본질과 상징을 적절하게 살린 뛰어난 연설이다. 이런 말을 들으면 "그러고 보니 지금은 우리가 싸우는 공작이구나."라거나 "춤추는 공작이 되면 좋을 텐데."라는 식으로 의미가 분명해지고 나아가야 할 방향성도 보인다. 심벌이 가지고 있는 이미지가 선명해질 수 있도록 의미를 부여하여 설득하는 방식이다.

이처럼 모두가 알고 있는 심벌이나 이념 등을 적절하게 활용하여 그 의미를 이야기하는 것으로 공감이나 찬동을 얻어낼 수 있다. 회사의 회의 등에서 자신의 주장을 관철시킬 때 회사의 로고나 창업자의 말 등에 나름대로 의미를 부여하거나 본질을 이야기하는 것도 공감을 얻기 쉬운 효과적인 방법이다.

17

개념과 이미지를
세트로 묶는다

개념을 설명하려고 하면 아무래도 추상적인 느낌이 들어 머릿속에 남기기 어렵다. 예를 들어, '세계 평화'라거나 '환경 문제' 같은 것은 중요한 개념이지만 보편적이면서도 추상도가 너무 높아 공감을 얻어내기 어렵다는 단점이 있다.

그럴 때 구체적인 이미지와 세트로 묶어 이야기하면 개념이 갖추고 있는 의미가 부각되어 강한 인상을 남길 수 있다. 나는 앞에서 소개한 왕가리 마타이의 연설이 매우 훌륭하다고 생각하는데, 그 이유는 환경의 중요성을 생생한 이미지로 우리의 머릿속에 각인시켜주기 때문이다.

저는 어린 시절의 경험을 떠올려봅니다. 저는 어머니를 위해 우리 집 옆쪽으로 흐르는 강으로 물을 길러 갔습니다. 강물은 그냥 마실 수 있을 만큼 깨끗했습니다.

마란타(Maranta) 잎 사이에서 뛰놀면서 저는 구슬처럼 생긴 개구리 알이 잔뜩 연결된 끈 같은 것을 건져 올리기 위해 땀을 흘렸습니다. 하지만 제가 그 끈 밑으로 작은 손가락을 넣을 때마다 그것은 뿔뿔이 흩어져버렸습니다.

어느 정도 시간이 흐른 뒤에 **저는 수많은 올챙이들을 발견했습니다. 새까만 올챙이들이 힘차게 투명한 물속을 헤엄치고 있었습니다.** 이것이 제가 부모님으로부터 물려받은 세상입니다.

그로부터 50년이 흘러 지금은 그 강물이 말라버렸습니다. 여성들은 결코 깨끗하다고 말할 수 없는 물을 구하러 긴 거리를 이동합니다. 그리고 아이들은 자기들이 무엇을 잃어버렸는지 모르고 있습니다. **우리의 도전은 올챙이들이 헤엄치던 삶의 터전을 되찾고 아이들에게 아름다움과 놀라움으로 가득 찬 세상을 되찾아주는 것입니다.**

(2004년 12월 10일, 오슬로에서 열린 노벨상 수상 기념 강연에서)

—

올챙이들이 맑은 강물 속을 헤엄치고 있는 아름다운 풍경이 눈에 선하게 떠오른다. '세계 평화', '환경 문제' 등은 개념이다. 그 개념에 올챙이가 헤엄치는 아름다운 강물의 이미지를 하나로 묶어 제시하는 방법을 통하여 사람들과 그 이미지를 공유할 수 있다. '아름다운 강물에서 올챙이들이 헤엄치는 환경을 되찾아주어야 한다.'는 생각이 선명한 이미지로 머릿속에 각인되는 것이다.

이미지는 이해하기 쉬운 만큼 매우 강한 공감을 부른다. 킹 목사는 붉은 언덕 위에서 흑인과 백인이 같은 테이블에 앉아 있는 영상을 미래의 꿈으로 이야기했다. 그것도 이미지다. 왕가리 마타이는 자신이 어렸던 시절의 아름다운 강물의 기억을 이야기했다. 그것도 이미지다.

구체적인 이미지가 상대의 머릿속에 떠올랐을 때 그것은 이미 공감을 얻은 것과 같다.

예를 들어 '환경을 지키자'거나 '원자력발전소 반대' 등 보편적인 개념을 이야기할 때 그것과 세트로 자신의 고향의 풍경을 이야기해보는 것도 공감을 얻을 수 있는 화법이다.

= 개념과 이미지를 세트로 묶는다 =

구체적인 이미지를
세트로 묶어보자.

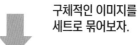

이나모리 가즈오의
'조직을 이끄는 힘'

이나모리 가즈오 씨는 카리스마를 갖춘 경영자로 알려져 있다. '교세라'라는 세계적인 기업을 창업하여 성공시킨 업적도 대단하지만, 그의 강연이나 세미나를 듣고 있으면 자연스럽게 그에게 심취하게 된다. 그의 이야기는 어떻게 그 많은 사람들의 공감을 얻고 마음을 사로잡는 것일까? 여기에는 몇 가지 이유가 있다.

자신의 생각을 이해해주는 '선교사'를 만든다

'선교사'라는 말은 이나모리 씨가 어느 2세 경영자의 질문에 답변을 하면서 처음 사용한 말이다. 상담자는 아버지로부터 물려받은 자동차 판매 회사의 경영을 재건하기 위해 분투하고 있었는데, 조직을 개혁하려고 하는 자신의 생각이 침투되지 않아 방향성을 찾지 못하고 있다고 호소했다.

여기에 대해 이나모리 씨는 생각을 전하는 것은 쉬운 일이 아니라는 전제를 놓은 다음, 이렇게 대답했다.

저도 사원이 200명, 300명으로 증가했을 때 고민이 정말 많았습니다. 그때 저는 진심으로 저를 존경하고 저 대신 사원들에게 이야기를 해줄 수 있는 간부를 만들어야겠다고 생각했지요. (중략)

기업가로서의 저의 사상, 철학을 목숨을 걸고 전달해줄 수 있는 선교사 같은 사람들이 필요했습니다. 그런 간부를 만들어야겠다고 생각한 것입니다. (중략) 저는 그런 사람을 양성하기 위해 모든 기회를 설정하고 필사적으로 노력했습니다. (중략)

당신의 생각에 공명하고 그 생각을 사원들에게 전달하는 '선교사'가 나올 수 있도록 먼저 노력을 기울이면서 간부들과 진심으로 대화를 나누어보도록 하십시오.
(이나모리 가즈오, 《사람을 살리는 이나모리 가즈오의 경영학원》 중
에서)

이나모리 씨는 스스로도 그 방식을 실천하여 많은 '선교
사'를 양성했다. 그 결과로 지금 많은 이들로부터 열광적
인 지지와 공감을 얻고 있다.

이처럼 어느 정도 규모가 되는 다수의 사람들에게 호소하
여 공감을 얻고 싶다면 그들 각자와 대화를 나누는 것은
무리일 테니 자신의 생각을 이해해주는 '분신' 같은 사람
을 확실하게 늘려가는 방법도 생각해야 한다.

이기적인 마음을 버린다

이나모리 씨가 교세라를 창업했을 때에는 스물일곱 살이
었다. 너무나 젊은 나이에 대표가 되어 많은 사원들을 이
끌고 나가야 했다.

어떻게 해야 모두가 자신을 따라줄까? 이나모리 씨는 그렇게 하려면 자신이 인간적으로 성장하고 신뢰를 얻고 존경을 받는 사람이 되어야 한다고 생각했다. 그래서 그는 철학이나 고전, 종교 등 인문학적 성장을 위해 필사적으로 공부했다. 일이 아무리 늦게 끝나도 잠들기 전에는 반드시 고전이나 철학 서적을 읽었다고 한다.

그래서 배운 것이 '무사(無私)'의 정신이다. 이기심이 있으면 사람들은 따라오지 않는다. 이나모리 씨는 자신의 고향인 가고시마(鹿兒島)의 위인인 사이고 다카모리의 "자신을 사랑하는 것은 가장 선하지 못한 것이다."라는 말을 마음에 새기고 이기심을 경계했다.

"나만 좋으면 된다."라는 마음을 가진 사람은 공감을 얻을 수 없다. 사람의 마음을 사로잡아 이끌어나가는 리더는 '무사'의 마음을 가져야 하는 것이다.

뜻이 같은 사람들을 모은다

이를 위해 이나모리 씨는 '세이와(盛和)학원'이라는 경영 학원을 설립했다. 세이와학원은 경영자들의 강렬한 요청을 받아들여 재능기부 차원에서 시작한 사설 학원이다. 예부터 요시다 쇼인(吉田松陰)의 쇼가손(松下村)학원이나 오가타 고안(緒方洪庵)의 데키(適)학원 등 일본에는 우수한 인재들이 배출된 사설 학원이 많이 있었다.

뜻이 같은 사람들끼리 모인 사설 학원에는 학교에는 없는 힘이 있다. 의욕이 있는 동료들이 모여 있는 상황에서 만들어진 분위기가 독특한 공감력을 양성해주는 것이다.

이나모리 씨에게도 "회사에 메이지유신을 일으키자."라는 메시지가 있었기 때문에 서로 뜻을 모을 수 있는 사설 학원을 만들었던 것이 아닐까? 뜻이 같은 사람들이 모이는 집단에는 그 정도로 강력한 힘이 있다.

이나모리 씨처럼 훌륭한 학원을 만드는 것은 무리겠지만 팀을 만드는 것 정도라면 우리도 할 수 있다. 나도 대학 시절에 테니스에 심취한 동료들 네 명과 모임을 만든 적이 있다. 모임의 이름은 네 사람의 이름의 머리글자를 따서 'STAT'라고 지었다. 우리는 도쿄대학 합숙소가 있는 게미가와(檢見川)라는 곳으로 가서 하루 종일 테니스를 즐기고 저녁에는 장래에 관한 이야기를 나누었다. 그야말로 '청춘'이라고 부를 수 있는 시간이었지만 그것이 지금의 나를 만드는 귀중한 체험이었다는 생각이 든다.

이나모리 씨처럼 카리스마가 갖추어져 있는 사람이 없더라도 '이렇게 되고 싶다'거나 '이렇게 생각한다'는 식으로 같은 생각을 가진 사람들끼리 모임을 만들고 대화를 나누어보도록 하자. 거기에서 사람들과 서로 공감하고 어울리면서 정신의 중심을 이루는 무엇인가가 탄생할 수도 있을 것이다.

4장

공감을 얻는
프로의 언어

말하는 사람의
얼굴이 보인다

18

자신의 경험을
자신의 언어로 말한다

배우이자 작가, 평화운동가, 유니세프 친선대사로 활동하고 있는 구로야나기 데쓰코 씨는 누구나 인정하는 화법의 달인이다.

나는 구로야나기 씨와 대담을 하고 TV 프로그램인 '데쓰코의 방'에 참석한 경험을 통하여 그의 화법의 매력을 아주 가까이에서 느낄 수 있었다.

토크쇼도 그렇지만 구로야나기 씨가 이야기를 하고 있으면 항상 모든 사람들이 빨려 들어가는 듯한 느낌이 든다. 가장 큰 이유는 신뢰감이 들 수밖에 없는 구로야나기 씨의 인격과 캐릭터에 있다. 구로야나기 씨의 화법의 두드러진 특징은 실제로 자신이 그 눈으로 직접 보고 몸으로 경험한 내용을 자신의 언어로 전달한다는 것이다.

세계 각지에서 만난 아이들의 생생한 목소리를 들려주면 일반론으로 듣는 것보다 훨씬 사실감이 있어 듣고 있는 사람도 그 자리에 함께 있었던 것 같은 공감을 느낀다.

이처럼 자기 고유의 체험을 생생하게 이야기하며 거기에서 배어나오는 생각이나 인간성을 어필하여 공감을 얻는 방식이 있다.

구로야나기 씨는 세계 각국에서 열악한 환경에 놓여 있는 수많은 어린이들을 만났고, 그때마다 '우리는 얼마나 혜택 받은 사람들인가.', '평화롭고 더 나은 환경에 있는 우리가 무엇인가 해야 한다.'라는 생각을 했다고 한다. 그 내용을 그대로 우리에게 들려주기 때문에 전달력이 높고 우리도 그녀와 하나가 되어 '무엇인가 해보자.'라는 마음을 가지는 것이다. 그것은 오직 그녀의 사실적 체험과 성실한 인품에서 나오는 것이다.

구로야나기 씨의 말이 깊은 울림을 주는 대표적인 예가 있다. 연설이 아닌 책이지만 그녀의 언어와 인품이 엿보이는 문장이다.

—

살아난 어린아이들은 모두,

작은 가슴에 통증을 느끼고 있었다.

그것은 가족이 살해당한 이유를,

'자기 탓'이라고 생각하고 있기 때문이었다.

(중략)

영양실조 때문에 뇌에 장애가 발생하여

생각하는 것도, 이야기하는 것도, 걷는 것도 불가능한 상태로

오직 땅바닥을 기어 다니는 어린이들,

그 마을의 나이 든 촌장님이

내게 이렇게 말했다.

"구로야나기 씨, 돌아가면 이것만큼은 기억해주십시오.

어른은 죽을 때에 고통스럽다, 괴롭다 등등

이런저런 말을 하지만,

아이들은 아무 말도 하지 않습니다.

어른을 믿고 잠자코

바나나 잎 아래에서

죽어가는 것이지요."

(중략)

해골처럼 변해가면서도

열심히 걷고 있는 아이들을 보면서

혼자 눈물을 흘렸다.

(우리나라에서는 아이들이 자살을 한다.)

있는 힘을 다해 소리치고 싶었다.

이렇게 슬픈 일이 일어날 수 있을까?

풍요로움이란 대체 무엇일까?

(구로야나기 데쓰코, 《토트 짱과 토트 짱들》에서)

● '토트'는 구로야나기 씨의 어린 시절의 애칭인데, 아프리카에서는 스와힐리어로 어린이를 '토트'라고 발음한다. 즉, 이 책의 제목을 풀어서 해석하면 '구로야나기와 아프리카의 어린이들'이라고 할 수 있다.

—

구로야나기 씨의 이야기는 실제로 현지에서 경험한 내용을 바탕으로 씌어진 것이다. 현지를 직접 경험한 사람이 아니면 할 수 없는 살아 있는 글이 설득력을 높여준다. 그녀처럼 실제 경험을 자신의 언어로 이야기하면 그것만으로도 강력한 힘을 가진다.

고도의 화법을 구사할 줄 모르는 보통 사람이라도 체험을 통한 현실감과 진정성이 있다면 그를 보완해줄 수 있다. 그 좋은 예가 2013년 9월 7일 아르헨티나 부에노스아이레스에서 개최된 IOC 총회 당시 도쿄올림픽 유치위원회가 한 최종 프레젠테이션이다.

최종 프레젠테이션을 한 사람은 사토 마미 씨다. 사토 씨의 영어 연설은 매우 평범해서 고등학생도 이해할 수 있는 수준이었다. 그러나 자신의 살아 있는 경험과 그 이야기를 꾸미지 않고 하는 사토 씨의 진지한 인품이 IOC 위원들의 가슴을 울렸다.

—

I am Mami Sato. And I am here because I was saved by sport. (⋯⋯)

Please allow me to return to my story. I was nineteen when my life changed. I was a runner. I was a swimmer. I was even a cheerleader.

Then, just weeks after I first felt pains in my ankle, I lost my leg to cancer. Of course, it was hard. I was in despair. Until I returned to university and took up athletics. (⋯⋯)

Then came the 11th of March 2011. The tsunami

hit my hometown. For six days I did not know if my family were still alive. (……)

Together, we organised sport activities to help restore confidence. Only then did I see the true power of sport… To create new dreams and smiles. To give hope. To bring people together.

— 저는 사토 마미입니다. 제가 이곳에 있게 된 것은 스포츠에 의해 구원받았기 때문입니다. (중략)

저 자신의 이야기로 돌아가겠습니다. **저의 인생은 열아홉 살 때 바뀌었습니다.** 저는 육상선수였고, 수영도 하고 있었습니다. 또 치어리더도 했습니다.

그런데 처음 발목에 통증을 느낀 지 불과 몇 주일 후, **골육종으로 발을 잃게 되었습니다.** 물론 너무 참기 힘들어 절망에 사로잡혔습니다. 하지만 그것은 대학으로 돌아가 육상에 몰두하기 전까지의 일이었습니다. (중략)

그 후, 2011년 3월 11일이 찾아왔습니다. **쓰나미가 저의 고향을 습격했습니다.** 엿새가 지날 때까지 저는 가족이 무사한지 알 수 없었습니다. (중략)

우리 운동선수들은 하나가 되어 스포츠 활동을 주최하고, 사람들이 자신감을 되찾을 수 있도록 도왔습니다. 그때 비로소 저는 스포츠가 가지고 있는 진정한 힘을 깨달았습니다. 새로운 꿈과 미소를 낳는 힘, 희망을 만들어내는 힘, 그리고 사람들을 연결시키는 힘이 그것입니다.

(2013년 9월 7일, 부에노스아이레스에서 열린 IOC 총회 당시 도쿄올림픽 유치위원회가 한 최종 프레젠테이션 중에서)

—

앞에서 사토 마미 씨는 "제가 이곳에 있게 된 것은 스포츠에 의해 구원받았기 때문입니다."라고 이야기를 꺼낸다. 왜 자신이 그 자리에 서 있는가를 누가 들어도 쉽게 이해할 수 있는 평범한 영어로 설명한 뒤에 "열아홉 살 때 인생이 바뀌었다"고 '기승전결'의 '전'을 가져온다. 그리고 쓰나미가 고향을 습격했다는 '전'을 또 더하여 이 두 가지의 어려움을 스포츠의 힘으로 뛰어넘을 수 있었다고 말하고 있다. 기승전결이 아니라 이른바 '기전전결'의 구조다.

이 화법은 자신이 경험한 어려움을 이야기 속에 도입하는 방식으로 강한 임팩트를 주는 것이다. 영문 자체는 비교적 단순한 표현이다. 그러나 사토 마미 씨가 진심을 담아 설명하는 한 마디 한 마디가 듣는 사람의 가슴을 울렸다는 생각이 든다.

"골육종으로 발을 잃게 되었습니다."도, "쓰나미가 저의 고향을 습격했습니다."도 그것을 경험한 사람의 입을 통해서 진지하게 이야기되었을 때 청중에게도 커다란 공감을 주게 되는 것이다.

19

리스크 감수에 대한
각오를 보여준다

2장에서도 언급한 영화감독 올리버 스톤은 신랄한 화법으로 항상 물의를 일으키는 사람이다. 그에 대해서는 호불호가 있을 것이다.

긍정적으로 보자면, 올리버 스톤의 말은 매우 솔직해서 듣는 사람들에게 강렬한 인상을 심어준다. 그야말로 가식이 없는 화법이다.

무엇보다 나에게 깊은 인상을 남긴 것은 올리버 스톤 감독이 일본을 방문했을 당시 히로시마에서 열린 원수폭 금지 세계대회에서 한 연설이다.

여러분에게 묻고 싶은 것은, 2차 세계대전 이후 함께 힘든 경험을 한 독일은 지금 평화 유지에 커다란 힘을 발휘하고 있는데, 대체 왜, 왜 **일본은 아직도 미국의 위성국, 종속국으로 남아 있는가 하는 것입니다.** 일본에는 강력한 경제도 있고 양질의 노동력도 있습니다. 그런데 왜 일어서지 않는 것입니까? (중략)

일본은 미국, 영국, 중국에 이어 네 번째의 군사 대국입니다. 일본을 그렇게 만든 공범자는 바로 미국입니다. 일본은 미국 무기의 최대 수입국이며 미국이 툭하면 해외에서 일으키는 전쟁, 예를 들면 쿠웨이트나 이라크 등에서의 전쟁 비용까지 지불하고 있는 고마운 존재입니다.

올해, 전쟁이 아시아로 돌아왔습니다.

잘 들어보십시오. 이런 말을 하고 싶지는 않지만 미국은 심술쟁이입니다. 일본이 지금 직면해 있는 거대한 용은 중국이 아니라 미국입니다. (중략)

따라서 여러분은 독일이 유럽에서 한 것처럼 일어서야 합니다. 일본은 일찍이 전쟁에 패배해 히로시마와 나가사키 지역에 원자폭탄으로 인한 큰 피해를 입었습니다. 그 슬픔을 이겨내고 경제대국이 되었으면, 끊임없이 전쟁을 반복

137

하면서 일본과 전 세계에 고통을 안겨주고 있는 저 바보들
과 싸워야 합니다.

(2013년 8월 6일, 원수폭 금지 세계대회에서)

—

일본인이 왠지 모르게 은폐하고 싶고 외면하고 싶은 의식
을 이 정도까지 신랄하게 지적한 연설은 없을 것이다. 올리
버 스톤의 화법은 지나치게 예리하기는 하지만 그만큼 핵심
을 찌른다.

그 정치적 견해에 대해서는 다양한 의견이 있을 테지만 적
어도 현장에서 올리버 스톤 감독의 연설을 흘려듣는 사람은
없었을 것이다. 그 연설의 강인함은 올리버 스톤 감독이 온
몸을 던져 발산하는 각오에서 나온다. 리스크를 동반하는 연
설이기는 하지만 그것을 감행하는 자세에서 남다른 각오가
느껴진다.

물론, 우리가 사적으로나 공적으로 올리버 스톤 감독처럼
리스크를 짊어지고 발언하기는 쉽지 않다. 하지만 어느 정도
의 각오를 가지고 하는 발언에는 나름대로의 무게가 실리는
법이다.

조직을 개혁하거나 집단 괴롭힘이나 부정을 고발하기 위

해 '무슨 일이 있어도 이 말만큼은 해야…'라고 생각하는 경우가 있다. 그럴 때에는 각오를 다지고 말할 수도 있어야 한다. 상황이 즉시 바뀌지는 않는다고 해도 그 순전함과 리스크를 감수한 각오에 공감해주는 사람이 반드시 나타날 것이다.

20

대립하는 사람을
적으로 삼지 않는다

올리버 스톤과 정반대의 접근 방법으로 사람들의 마음을
흔드는 사람이 티베트의 14대 달라이 라마다.

올리버 스톤 감독이 솔직하게 적을 공격하는 '정면 돌파
형' 스타일이라면, 달라이 라마는 적을 친구로 만드는 '내부
붕괴형' 전투 스타일이라고 말할 수 있다. 두 사람 모두 강력
한 권력에 대항한다는 점에서는 비슷하지만 그 방법론이 전
혀 다르다.

달라이 라마는 불교도다. 그렇기 때문에 싸움을 좋아하지
않는다. 1959년 중국공산당의 강압적인 티베트 통치에 반발

한 민중 봉기가 일어난 일은 모두가 알고 있을 것이다. 이때 수많은 티베트인들이 목숨을 잃었고 달라이 라마도 인도로 망명했다. 이러한 배경이 있었지만 2011년 티베트 민중 봉기 기념일 연설에서 달라이 라마는 중국을 정면에서 공격적으로 비판하지는 않았다.

—

오늘은 1959년에 우리 티베트 민족이 티베트의 수도 라사 (Lhasa)에서 중국공산당의 억압에 항거하기 위해 평화 봉기를 실행한 지 52주년이 되는 날이며, 동시에 2008년에 티베트 전 지역에서 비폭력 시위가 발생한 지 3주년 되는 날을 기념하는 날입니다. (중략)

이 지구는 인류에 소속되어 있습니다. 동시에 중화인민공화국은 13억의 국민에 소속되어 있습니다. 그리고 그 13억의 국민은 자국이나 세계에서 발생하고 있는 일의 진실을 알 권리를 가지고 있습니다.

모든 진실이 알려진다면 국민은 무엇이 옳고 무엇이 잘못되었는지를 스스로 구별할 수 있을 것입니다. 정보를 검열하거나 제한하는 행위는 인간의 기본적 양식에 대한 모독입니다. (중략)

세계 최대의 인구를 보유하고 있는 중국은 신흥경제대국
이며, 저는 중국이 이룩해낸 경제적 발전을 높이 평가합니
다. (중략)

또 **원자바오**(溫家寶) **총리도 자유와 민주화를 지지하고 있**
습니다. 저는 이것을 중요한 징후로 환영합니다.

(2011년 3월 10일, 티베트 민중 봉기 52주년 기념식에서)

—

달라이 라마는 연설을 통하여 '중국 국민도 진실을 알 권
리가 있다'고 주장한다. 즉, 중국인들을 적대시하고 있지 않
은 것이다.

중국인을 비판하거나 "그렇기 때문에 모두 나쁘다."라고
말하기는 쉽다. 하지만 그렇게 말하지 않고 "당신들도 우리
와 같은 친구다."라고, 어디까지나 상대를 적으로 돌리지 않
는 화법을 구사하여 적을 아군으로 끌어들이고 있다. 역시
불교도답게 평화로운 태도다.

사람을 설득하거나 공감을 얻고 싶을 때 '가상의 적'을 만
들어 그것을 매도하고 공격하는 방법으로 자신들의 결속을
강화하거나 주장을 합리화하는 방법이 있다. 또는 상대를 철
저하게 깎아내려 자신이 하는 말에 가치가 있는 것처럼 보이

는 방법도 있다. 그러나 그런 방법은 끊임없이 다툼을 발생시킨다.

실제로 중국인 모두가 달라이 라마의 적일 리 없다. 애당초 티베트에서 중국공산당이 저지른 행위를 잘 모르고 있는 중국인도 많다. 중국인 유학생과 이에 대해 이야기를 나눈 적이 있는데, 그는 중국공산당이 티베트에서 무슨 짓을 했는지 거의 모르고 있었다.

그렇기 때문에 진짜 문제는 중국 국민이 티베트에서 정부가 저지른 일에 대해 모른다는 데 있다. 따라서 중국인을 비판함으로써 민족 대 민족의 대립 도식을 만든다고 해도 아무런 해결이 되지 않는 것이다.

달라이 라마는 냉정하게 사실을 보고 중국인들도 같은 친구라고 말한다. 문제가 발생해서 다양한 의견이나 주장이 있을 때에는 우선 사실관계부터 분명하게 해야 한다. 달라이 라마처럼 많은 사람들에게 호소하여 진실을 밝히고 대립을 제거한다면 적도 당연히 사라진다.

회사에서든 학교에서든 어떤 문제가 발생했을 때, 상대를 비판하기 전에 우선 냉정하게 사실을 확인해야 한다.

"왜 이런 일이 발생한 것인지 조사해보자."

"진짜 문제가 무엇인지 조사해보자!"

이러한 관점으로 시작해서 문제를 해결하는 방식을 취하면 적을 만들지 않고 상대의 마음을 여는 방향으로 해결되어 간다. 그 결과, 이쪽에서 하는 말이 상대의 마음에 도달하게 되는 것이다.

21

말에 강한 힘을
불어넣는다

조직을 성공적으로 개혁하거나 실적을 V자 회복시키거나 사람들의 의욕을 일깨워주는 강력한 리더에게서 공통적으로 찾아볼 수 있는 특징이 있다. 바로 '말의 강인함'이다.

말에 파워가 없는 리더는 리더십이 없다. 말에 의해 의식이 환기되고 자각을 하는 것이기 때문에 적절한 말을 구사할 줄 아는 사람은 그것만으로 상당한 리더십이 있다고 말할 수 있다.

말의 강인함을 뒷받침해주는 것은 '강한 정신'이다. 단 한 사람의 강한 정신력이 지탱점이 되어 역사가 바뀌는 경우도 많이 있다.

예를 들어 2장에서 소개한 간디는 비폭력, 불복종을 철저하게 관철하는 방식으로 인도를 영국의 지배로부터 해방시킨 독립의 상징이다.

또 간디에게서 영향을 받은 사람이 미국의 킹 목사다. 킹목사는 흑인 공민권운동에 관여하고 강한 정신을 중심으로 미국 전역으로 인종차별 반대 운동을 확산시켰다.

한 사람의 힘은 미미하지만 거기에 원동력이 되는 강력한 정신과 강력한 말이 갖추어져 있으면 역사가 바뀐다.

남아프리카공화국에서 인종차별을 철폐한 넬슨 만델라도 그런 강인한 정신과 말을 갖춘 인물이다. 만델라의 연설은 영어로 들어도 전율할 정도의 박력이 있다. 영어의 의미는 모르더라도 듣는 것만으로도 정신이 고양된다. 그 정도로 말에 힘이 넘친다.

—

학교, 공장, 광산, 지역 사회로 돌아가십시오. 우리나라의 최근 사건들에 의해 끓어오른 대중의 에너지를 규율 있는 대중 조직을 강화하는 방식으로 결집시키십시오.

우리는 전진하고 있습니다. 자유와 정의를 향한 행진은 이

제 물러설 수 없습니다. 저는 평생에 걸쳐 자유를 호소해왔습니다.

여러분의 투쟁, 헌신, 규율 덕분에 저는 석방되었고 오늘 이 자리에서 이렇게 여러분 앞에 서 있는 것입니다. 이런 기본 원칙을 따른다면 우리가 목숨을 걸고 싸워온, 자유롭고 인종차별이 없으며 민주적으로 통일된 남아프리카를 향하여 전진할 수 있을 것입니다.

(1990년 2월 13일, 남아프리카공화국 가우텡 주 소웨토 지구 집회에서)

—

인생에서는 물론이고 회사나 일에서도 곤란한 상황이 발생하더라도 앞으로 전진해야 하는 상황이 자주 있다. 우리는 전진하는 수밖에 없다. 전진해서 승리를 거두어야 한다는 만델라의 메시지는 일을 하는 모든 사람에게 적용할 수 있는 강인한 말이다.

만델라의 말에 강인함을 더해주는 것이 흔들리지 않는 강한 정신이다. 그것을 잘 보여주는 연설이 있다. 만델라가 27년에 이르는 투옥 생활에서 석방된 해 케이프타운에서 한 연설이다.

저는 1964년의 재판에서 했던 **저의 말을 인용해보고 싶습니다.** 이 말은 당시는 물론이고 지금도 틀림없는 진리라고 생각합니다.

"저는 백인 지배에 반대하여 투쟁해왔지만 흑인 지배에도 반대하여 투쟁해왔습니다. 저는 모든 사람들이 함께 화목하게 생활하며 평등한 기회를 누릴 수 있는 민주적이고 자유로운 사회를 만들겠다는 이상을 가슴에 품고 살아왔습니다. 이것이야말로 제가 평생에 걸쳐 달성하고 싶은 이상입니다. 그리고 필요하다면 그 이상을 위해 죽음도 각오할 수 있습니다."

(1990년 2월 11일, 케이프타운 집회에서)

—

1964년에 했던 자신의 말을 26년 후에 인용하여 "이 말은 지금도 틀림없는 진리입니다. 26년이 지났어도 여전히 흔들리지 않는 신념입니다." 하고 일관성을 어필하고 있다는 점에서 그야말로 리더는 흔들리지 않는 상징과 같은 존재임을 잘 보여준다.

나는 만델라의 이 말에서 공자를 연상했다. 언젠가 공자는 제자에게 "내가 박식하다고 생각하느냐?"라고 질문을 던졌다. 제자는 "네. 선생님은 뭐든지 알고 계시는 분이지요."라고 대답했다. 그러자 공자는 이렇게 말했다.

"아니다. 나는 박식한 것이 아니라 한 가지 생각을 변함없이 관철시키는 사람이다."

한 가지 생각을 변함없이 관철시키는 일, 이른바 내면에 있는 확고한 주관이 사람을 끌어당긴다고 공자는 말한다.

만델라도 26년 전의 생각과 지금이 전혀 다르지 않다는 점을 스스로 증언한다. "26년 동안 변화가 없다는 것도 이상하지 않은가?" 하는 견해도 있겠지만 몇 년이 지나도 흔들리지 않는, 굳건한 주관이 갖추어져 있다는 것이 중요하다. '시간이 흘러도 변하지 않는 것'이 있다는 점이 확신을 가지고 자신 있게 말할 수 있는 이유인 것이다.

물론 표면의 사소한 부분들은 변하겠지만 근간에 존재하는 것은 변하지 않는다. 그 변하지 않는 근간을 바탕으로 말함으로써 스스로 자신감을 가질 수 있고 상대도 설득할 수 있는 것이다.

그 자리, 그 상황에 따라 상대에게 맞추어 변덕스럽게 언행을 바꾸는 사람은 공감을 얻을 수 없다. 자신의 내면에 있는 일관적인 주관에 의지하며 자신감을 가지고 말을 하는 강인한 태도를 우리도 만델라에게 배워야 한다.

특히 사람을 끌어당기는 일을 하는 사람이나 리더를 지향하는 사람이라면 자신의 마음속에 존재하는 신념이나 주관을 소중하게 여기고, 그것을 지하의 수맥처럼 유지하면서 자신 있게 이야기할 수 있어야 한다.

22

자신이 믿는 것을
진심으로 말한다

혼다 소이치로 씨를 직접적으로 만난 적이 있거나 알고 있는 사람들은 입을 모아 혼다 씨만큼 매력이 넘치는 사람은 없을 것이라고 말한다. 천재라고 불리는 F1 드라이버 아이르통 세나(Ayrton Senna)도 혼다 씨를 경애하여, 그가 세상을 떠났을 때 조의를 뜻하는 리본을 가슴에 달고 레이스에 참가했다고 한다.

일본인뿐 아니라 외국인의 마음까지 끌어당길 수 있었던 혼다 씨의 매력은 항상 진심만을 이야기하는 가식 없는 인품에 있었다.

혼다 씨는 대장간을 운영하는 집에서 태어나 어린 시절부터 부모 곁에서 쇠를 두드리면서 자랐다. 그는 혼자 힘으로 성공을 거둔 사람이다. 늘 자신의 힘으로 길을 개척해온 도전 정신은 그의 언행을 통하여 한껏 발산되었다.

그는 평소에 형식적인 가식을 싫어했다. 자신의 경험을 바탕으로 진심만을 말해온 정직한 사람이다. 그렇기 때문에 사람들도 그가 하는 말은 모두 진심이라고 느꼈다.

달변이었던 그는 많은 장소에서 이야기를 했다. 자신이 믿고 있는 것을 진심으로 이야기했기 때문에 가끔은 거친 말이 나오기도 했다. 신중하게 단어를 선택해서 말하는 정치가의 화법과는 정반대의 화법이었다.

혼다 씨가 한 유명한 말이 있다.

—

"좋아서 하는 일이라면 천 리 길도 1리로 느껴진다."라는 말이 있습니다. 그 정도로 시간과 공간을 초월하여 매진할 수 있는 일에 종사하고 있다면 이보다 즐거운 인생은 없을 것입니다.

그렇게 되려면 사람들 각자가 자신의 장점과 단점을 감추지 말고 분명하게 표명해야 합니다. 돌은 돌대로 장점이 있고 다이아몬드는 다이아몬드대로 장점이 있습니다.

일을 감독하는 사람은 부하 직원들의 장점과 단점을 재빨리 파악하여 능력을 키울 수 있는 적재적소에 배치할 줄 알아야 합니다. 그렇게 하면 돌도, 다이아몬드도 똑같은 보물이 될 수 있습니다.

기업이라는 배에

보물에 해당하는 사람들을 태우고

키를 잡고 노를 저으며 순풍에 돛을 달고

거대한 바다를 화기애애하게

하나의 목적을 향해서 달려가는 항해처럼

즐거운 일은 없을 것입니다.

(혼다 소이치로, 《혼다 소이치로의 꿈을 힘으로: 나의 이력서》에서)

─

이것은 아마 혼다 소이치로 씨가 한 말을 그대로 옮겨 적은 듯하다. 마치 시처럼 짧은 말 속에 그가 하고 싶은 말의 에센스가 모두 담겨 있다. 혼다 소이치로 씨의 정신과 철학이 고스란히 전해지는 느낌이다.

이 정신적 유전자가 모든 형식으로 발산되어 혼다기연공

업(本田技研工業)이 만들어지고 회사의 기풍이 되어 사원들에 게도 배어들었다.

리처드 도킨스(Richard Dawkins)의《이기적인 유전자》라 는 책에서는 문화와 정신을 전하는 문화적인 유전자를 '밈 (Meme)'이라고 한다. 혼다기연공업 안에는 혼다 소이치로 씨 가 진심으로 전해온 정신적 유전자가 '밈'으로 이어져 내려 오고 있다.

이처럼 아무리 짧은 말이라 해도 그 말을 통해서 자신만의 정신적 유전자를 상대에게 전달할 수 있어야 이상적인 말하 기다. 공감력이라는 것도 결국에는 여기에 기인한다고 볼 수 있다.

나는 대학에서 교사를 지향하는 학생들에게 수업 방식을 가르치고 있다. 좋은 수업이란 설사 한 시간을 가르치더라도 그 교과에 대한 본질과 더불어 자신의 정신적 유전자를 가르 칠 수 있어야 한다.

바꾸어 말하면 누가 가르쳐도 똑같은 수업이어서는 안 된 다. 그 사람이 아니면 전할 수 없는, 정신적 유전자가 담겨 있 는 수업을 해야 한다.

취업 활동을 하고 있는 학생들을 보면 자신만의 정신적 유 전자를 가지고 있는 학생들의 취업률이 높다. 매뉴얼 습득이나 훈련을 통해 면접에서 어느 정도 답변은 할 수 있지만 자신만의 정신적 유전자를 가지고 있지 않으면 좋은 회사에 채용되기는 어렵다.

이를 위해서는 평소에도 진실하게 자신의 경험과 철학을 이야기하는 습관을 들여야 정신적 유전자가 명확해질 것이다.

개방적인 신체 표현으로
동의를 이끌어낸다

2013년 9월, 아르헨티나의 부에노스아이레스에서 실시된 2020년 올림픽-패럴림픽 유치 프레젠테이션에는 외국인 코치가 함께 있었다. 닉 발리(Nick Varley) 씨와 마틴 뉴먼(Martin Newman) 씨다. 일본 팀은 두 명의 코치로부터 철저하게 지도를 받고 그때까지 일본인의 약점이던 소극적 태도를 불식시키는 멋진 퍼포먼스를 발휘했다. 풍문으로는 유치가 힘들다는 견해도 있었는데, 멋지게 올림픽 위원들의 공감을 얻어냈다. 그 이유는 몇 가지가 있다.

과장된 제스처

프레젠테이션 코치를 담당한 두 사람은 일본 팀에게 가능하면 손짓, 몸짓을 크게 하라는 지도를 했다. 유명해진 '오모테나시'(환대라는 뜻. 2013년 IOC 총회 당시 2020년 도쿄올림픽 유치를 위한 최종 프레젠테이션에서 타키가와 크리스텔이 한 음 한 음 끊어서 한 말-옮긴이)라는 프레이즈도 일부러 손짓, 몸짓을 섞어 말했는데, 그 동작들이 위원들의 인상에 크게 남았다.

말을 할 때 손짓과 몸짓을 섞는 이유는, 사람의 의식이 움직이는 데 반응하기 때문이다. 가만히 있으면 사람의 의식은 반응을 보이지 않고 잠이 들어버린다. 하지만 상대의 손이 움직이거나 표정이 바뀌면 그때마다 의식이 반응을 보인다.

나는 2,000~3,000명이 입장할 수 있는 넓은 장소에서 강연을 할 때는 스테이지를 한쪽 끝에서 다른 쪽 끝까지 옮겨 다니면서 이야기를 한다. 그러면서 청중에게 "반드시 제 쪽으로 배꼽을 향하고 들어주십시오."라고 말해둔다. 내가 오른쪽, 왼쪽으로 움직이기 때문에 사람들은 조금씩 몸을 움직이면서 강연을 듣게 된다. 강연장 전체가 마치 파도처럼 움직이는 것이다. 그렇게 하면 아무도 졸지 않는다.

우리는 일반적으로 말을 할 때 손이나 몸을 움직이지 않으려 하지만 카리스마를 갖춘 CEO나 프로 강연자들은 모두 말을 할 때 몸을 움직인다. 상대에게 공감을 얻겠다는, 납득시키겠다는 마음이 강하기 때문에 자연스럽게 몸 전체로 표현하게 되는 것이다.

그러고 보면 이탈리아인은 손짓과 몸짓이 매우 크다. 로마에서 관광객과 이탈리아인을 구분하는 방법은 격렬한 몸짓을 보이는 사람을 찾는 것이라고 한다. 이탈리아 출신의 배우 소피아 로렌도 영화에서 심할 정도로 손을 움직인다. 상상하건대, 고대 로마 시대의 카이사르나 브루투스의 연설도 대단했을 것이다. 그야말로 손짓, 몸짓으로 청중을 끌어당기는 연설이지 않았을까.

가슴을 연 개방적인 신체 표현

코치로부터 지도를 받은 것은 그뿐만이 아니다. 일본 프레젠테이션 팀은 자신감을 갖고 밝게 웃는 얼굴로 말하라는 지도를 받았다. 즉, 상대에 대해 마음을 오픈한 것이다. 이것은 공감을 얻는 데 매우 중요한 부분이다.

나는 메이지대학에서 가부키 배우인 반도 다마사부로(坂東玉三郎) 씨의 이야기를 경청하는 토크쇼를 진행한 적이 있다. 그때 반도 다마사부로 씨는 표현의 기본은 '가슴을 여는 것'이라고 말했다.

'가슴을 연다'는 것은 '가슴을 편다'와는 다른 의미인데, 상대에게 숨김없이 편하고 밝게 대한다는 뜻이다. 다마사부로 씨는 가슴이 닫혀 있으면 어떤 표현도 제대로 할 수 없기 때문에 가슴을 열고 다양한 감정 표현을 해야 한다고 했다.

일본 팀의 프레젠테이션은 그야말로 가슴을 연 것이었다. 단상에 올라가 사람들 앞에 섰을 때, 이미 가슴이 활짝 열려 있었고 얼굴 가득 미소가 번져 있었다. 숨김없이 편하게 열린 그 자세가 올림픽 위원들의 공감을 부른 것이다.

철저한 리허설

자연스러운 미소나 손짓, 몸짓을 하려면 리허설이 필요하다. 실제로 여러 차례의 리허설을 했다고 한다. 보통 리허설을 많이 하면 오히려 몸이 굳어지는 현상이 나타날 가능성이 있다. 하지만 올림픽 프레젠테이션은 거액의 돈이 투입되기 때문에 절대로 실패해서는 안 되었다. 따라서 철저하게 리허설을 반복했다.

어정쩡한 리허설로는 자연스럽게 미소가 번질 정도의 안정감을 유지할 수 없다. 오히려 철저하게 리허설을 반복하는 것으로 마음을 안정시켜 자연스러운 미소를 지을 수 있었다.

또 사전 준비가 철저했다. 프레젠테이션 대상인 위원들에 대해 확실하게 조사를 해두었던 것이다. 그 한 예가 프랑스어와 영어로 실시한 연설이다. 위원들 대부분이 영어를 이해하기 때문에 영어로 연설을 하면 알아들을 텐데 굳이 프랑스어를 준비한 이유는 무엇이었을까? 그것은 올림픽 위원장인 자크 로게(Jacques Rogge)의 모국어가 프랑스어 였기 때문이다. 위원들 중에도 프랑스어를 모국어로 사용하는 사람이 몇 명 있었다.

이렇게 상대 국가의 언어에 맞추어 어필하는 것으로 감정을 전달하기 쉬웠다. 그로 인해 일본의 프레젠테이션은 큰 공감을 얻었고 올림픽 개최지로 도쿄가 선정될 수 있었다.

5장

공감을 얻는
프로의 언어

강한 인상을 주는
훅이 있다

23

명언을 인용하여
인상에 남긴다

상대가 이야기를 듣고 "대체 무슨 말을 하고 싶은 거야?"
라는 의문을 느낀다면 전혀 공감을 얻지 못하고 있다는 증거
다. 이야기에 핵심이 없기 때문에 이리저리 퍼져버리고 인상
에 남을 수 없다.

상대의 마음에 남을 수 있는 핵심, 즉 훅(hook)이 들어가
있는 말이나 프레이즈를 한 마디라도 남길 수 있다면 헤어진
이후에도 '그래, 그런 말이었구나.' 하고 생각함으로써 이야
기 전체에 공감하게 된다.

이처럼 나중에 돌이켜보았을 때, 기억해내기 쉬운 훅을 넣

는 것이 공감을 얻을 수 있는 화법의 비결이다.

하지만 훅이 될 수 있는 명언이나 멋진 프레이즈를 생각해내기는 쉽지 않다. 그럴 때 반드시 시도해보고 싶은 것이 위인이나 유명인들의 말을 인용하는 방법이다.

스티브 잡스의 말 중에 "Stay hungry, stay foolish(끊임없이 갈망하고 우직하게 나아가라)."라는 유명한 명언이 있다. 이것은 스탠퍼드대학에서 한 잡스의 유명한 연설의 마무리에 등장한다. 이때 잡스는 이 책의 1장에서 소개했듯 연설의 주제를 세 가지로 압축해서 이야기했다.

그리고 마지막으로 《지구백과(The Whole Earth Catalog)》라는 책을 출판한 스튜어트 브랜드(Stewart Brand)의 말을 인용한다. 이 사람은 퍼스널컴퓨터가 보급되기 전에 타이프라이터와 가위, 폴라로이드카메라를 사용하여 구글의 페이퍼백판 같은 책을 출판한 사람이다.

잡스는 자신에게 있어서 그 책은 성경 같은 존재였다고 말한다. 그래서 연설 마지막에 전체 내용을 정리하는 의미에서 스튜어트 브랜드의 말을 인용한다.

―

스튜어트와 그의 팀은 《지구백과》를 몇 번에 걸쳐 발행한 뒤에 최종판을 냈습니다. 그것이 1970년대 후반인데, 그때 저는 마침 여러분과 비슷한 나이였습니다. 뒤표지에는 이른 아침의 시골길을 촬영한 사진이 있었습니다. 여러분이 만약 모험을 좋아한다면 히치하이크를 할 때 볼 수 있는 풍경입니다.

그 사진 바로 위에는 **"끊임없이 갈망하고 우직하게 나아가라."**라는 글이 씌어 있었습니다. 필자의 마지막 메시지였습니다.

"끊임없이 갈망하고 우직하게 나아가라."

저 자신은 늘 그런 사람이고 싶었습니다. 그리고 지금 졸업을 해서 새로운 인생을 살아가게 될 여러분도 그런 사람이기를 바랍니다.

끊임없이 갈망하고 우직하게 나아가십시오.

감사합니다.

(2005년 6월 12일, 스탠퍼드대학 졸업식에서)

—

이때 스티브 잡스가 마지막으로 한 말, "Stay hungry, stay foolish."는 마치 그의 말처럼 퍼져나갔는데, 그 정도로 강렬한 임팩트를 주어 많은 사람들의 마음을 파고드는 훅이

166

된 것이다. 이것은 '인용의 힘' 그 자체다. 굳이 자신이 신경을 써서 멋진 말을 만들어내지 않아도 된다.

"저의 이 멋진 말을 들어보십시오."라는 말이 아니더라도 "이 사람의 이런 멋진 말에 의해 저의 인생은 바뀌었습니다."라는 식으로, 자기 자신이 영향을 받은 말을 인용해서 소개하면 된다. 그리고 잡스처럼 마지막으로 다시 한번 그 말을 반복하는 것이 포인트다. 마무리를 하듯 반복하면 인상에 깊이 남는다.

인용할 수 있는 말은 위인이나 명사들의 명언만이 아니다. 앞에서 소개한 노벨평화상 수상자 왕가리 마타이는 '모타이나이'라는 일본어를 세상에 알렸다. 마타이는 일본을 방문했을 때 이 말을 알게 되었고, 멋진 콘셉트라는 생각으로 세상에 알리기 위해 인용했다. 이 말은 일본어지만 마타이가 자신들에게 필요한 적당한 표현을 생각하다가 딱 들어맞는 말을 찾게 된 것이다.

이처럼 아직 사람들에게 알려지지 않은 외국어나 사투리, "바로 이거야!"라는 느낌이 드는 말을 찾아서 인용하는 방법도 있다. 그리고 "아, 이런 말이나 개념도 있구나."라고 발견한 것을 알려나가는 과정을 통하여 커다란 공감을 얻을 수 있다. 사람들이 "처음 듣는 말인데 무슨 뜻이지?"라고 흥미를 느끼게 되기 때문에 그 자체가 훅이 되어 흥미의 폭이 확장되는 것이다.

이야기를 정리하는 마지막에 "이것은 아프리카의 어느 나라의 말인데…"라거나 "오스트레일리아의 원주민들에게 전해져 내려오는 속담입니다."라는 식으로 말하고 훅이 되는 키워드나 키프레이즈를 남기는 것도 공감을 불러일으키는 화법 중 하나다.

= 다른 사람의 말을 인용해서 인상에 남긴다 =

훅이 되는 말이 없다.

훅이 되는 말을 마지막에 반복한다.

24

발언과 신념에
일관성을 가진다

이야기에 일관성이 없거나 어제 했던 말과 오늘 하는 말이 다를 경우에는 신용을 얻을 수 없다. 공감을 얻는 사람의 특징은 발언이나 주장에 일관성이 있다는 것이다.

언제 들어도, 어떤 경우에 들어도 발언이나 주장이 일관적인 사람이 있다. 마치 굳은 바위처럼 어떤 이야기를 해도 마지막에는 그 결론에 도달하는 중심이 되는 메시지를 가지고 있으며 그것이 흔들리지 않는다는 점이 사람을 공감시키는 설득력과 연결된다.

한 가지라도 괜찮다. 흔들리지 않는 주장을 가지고 있다는 것도 공감을 얻는 사람이 되는 한 가지 방법이다.

2장에서도 설명했지만 정토진종의 원조인 신란은 '나무아미타불'이라는 염불에 모든 것을 건 사람이다. 그는 '나무아미타불'이라고 외는 것만으로 구원을 받는다는 슬로건을 내걸고 가르침의 폭을 넓혀갔다. 신란의 제자가 신란의 말을 정리한 《단니쇼》에는 다음과 같은 내용이 있다.

—

나 신란의 입장은 "단순히 염불만 외더라도 아미타불의 구원을 받을 수 있다."라는 말을 믿는 것뿐 달리 특별한 것은 없다. 염불이 정말로 정토(淨土)에 탄생하는 씨앗이 되는 것인지, 아니면 지옥에 떨어져버리는 원인이 되는 것인지 그조차도 나는 모른다.

(가네코 다이에이, 《단니쇼》 중에서)

—

신란이 위대한 점은 말에 전혀 흔들림이 없다는 것이다. 자기 자신을 '우독신란(愚禿親鸞)'이라고 하여 '어리석고(愚) 머리가 벗겨진(禿) 신란'이라고 불렀는데, 그 어리석은 자신, 깨닫지 못하는 자신도 아미타불에게 의지하여 '나무아미타불'을 외는 것만으로 구원을 받을 수 있다는 식으로, 자신의 모든 주장을 응축하여 흔들림 없는 일관적인 말을 하고 있다.

신란이 자신을 가리켜 지칭한 '독(禿)'은 이른바 '대머리'가 아니라 성(聖)과 속(俗)의 중간이라는 의미다. 완전히 머리가 민머리인 것이 신성한 세계의 승려이고 머리가 전혀 벗겨지지 않은 것이 속세에 살고 있는 사람이라면, 자신은 그 중간에 있다는 뜻이다.

그 정도로 미숙한 자신도 구원을 받을 수 있으니 악인도 구원을 받을 수 있다는 것이 신란의 그 유명한 "선인(善人)도 구원을 받을 수 있는데 하물며 악인이야 더욱 그렇지 않겠는가."라는 말이다.

이 정도로 메시지가 분명하고 흔들림이 없다면 "결국 신란은 무슨 말을 하고 싶은 것인가?"라는 의문이 들었을 때, 즉시 "나무아미타불이라는 염불을 외는 것이다."라는 답을 생각할 수 있다.

이런 확고한 신념이 있다면 누가 어떤 식으로 질문을 던져도 전혀 흔들리지 않을 것이다. 그 내용이 점차 퍼져나가 '나무아미타불'이라는 분명한 해답이 중심에 자리를 잡게 되기 때문에 흔들림은 있을 수 없다.

그렇기 때문에 전하고 싶은 것이 있고 공감을 얻고 싶다면 중심 메시지 같은 중심축을 한 가지 설정해두고 그것만큼은 무슨 일이 있어도 절대로 흔들리지 말아야 한다. 그런 강인한 중심축을 가지고 있는 것이 공감을 얻는 사람의 특징이다.

마찬가지로 그런 중심축을 가지고 있는 사람이 1장에서도 소개한 배우 안젤리나 졸리다. 그녀는 유방암 예방을 위해 유방 절제 수술을 받았다는 사실을 직접 공개함으로써 전 세계에 충격을 주었다.

어쨌든 발신 능력이 강한 사람인데, 그 강인함은 절대로 흔들리지 않는 신념에 있었다. 배우로서 활약하는 것뿐 아니라 영화감독으로도 커리어를 쌓고, 성폭력 근절을 위한 활동도 적극적으로 하고 있는 사람이다.

—

우리의 목표는 일찍이 보스니아, 그리고 현재의 콩고나 시리아처럼 성폭력을 전투 수단으로 사용하고 처벌을 회피하려는 상황이 전 세계에서 더 이상 발생하지 않도록 하는 것입니다.

이것은 장대한 싸움이며 각국 정부나 국제연합, 지역 사회, 가정, 나아가 사람들 각자에 이르기까지 모든 수준의 총체적인 노력이 필요합니다.

하지만 분명히 실현할 수 있습니다. 이것은 우리가 평생에 걸쳐 도달할 수 있는 최종 목표입니다.

(2013년 7월 29일, 도쿄 국제연합대학에서)

—

호소하고 싶은 것이 있다면 흔들리지 말고 그것을 있는 그 대로 호소해야 한다. 처음에는 공감을 얻지 못한다고 해도 그것이 자신에게 중요한 신념이라면 몇 번이고 끊임없이 호소해야 한다. 그러면 공감해주는 사람도 조금씩 늘어난다. "그 사람은 일관성 있게 늘 같은 말을 하고 있어."라는 말을 들을 정도가 된다면 공감을 얻은 것이나 진배없다.

25

역설로 시작하여
시선을 붙잡는다

전달하는 내용에 놀라움이나 의외성이 있다면 사람들이 관심을 보인다. "그래?"라거나 "허어, 그런 거야?"라고 할 정도로 놀라운 일이나 발견, 배울 점이 있으면 그것이 훅이 되어 공감을 얻기 쉽다.

하지만 늘 재미있는 화젯거리가 넘치는 것은 아니다. 지루할 수도 있지만 들어주기를 바란다거나 조금 어렵지만 중요한 이야기를 하고 싶을 때, 사람들의 관심을 끌기 위해서는 보다 자극적인 화법을 연구해야 할 필요가 있다.

그 한 가지 기술이 역설적인 문구를 먼저 꺼내놓는 화법이

다. 역설은 언뜻 상식과는 동떨어진 것처럼 들리지만 진리,
본질을 꿰뚫는 표현이다.

앞에서 소개한 신란의 유명한 말 역시 역설이었기 때문에
널리 퍼지게 되었다고 할 수 있다.

—

선인(善人)도 구원을 받을 수 있는데 하물며 악인이야 더욱
그렇지 않겠는가. 하지만 세상 사람들은 늘 "악인조차 구
원을 받을 수 있는데 하물며 선인이야 더욱 그렇지 않겠는
가."라고 말한다.

이것은 언뜻 그럴듯하게 들리지만 아미타불의 구원의 방
식에 어긋나는 말이다. 자신의 능력으로 극락왕생을 하려
고 노력하는 동안에는 타력(他力)에 의지할 수 없다. 이는
아미타불의 약속 대상이 되지 않는다.

그러나 자력(自力)을 버리고 타력에 의지하면 진정한 극락
정토에 이를 수 있다. 번뇌로 가득 차 있는 우리는 아무리
노력해도 생사(生死)에서 벗어날 수 없다. 그래서 아미타불
이 이를 불쌍히 여겨 구원해주는 것이다.

악인을 성불(成佛)시키는 것도 같은 이치다. **아미타불의 힘
에 의지하여 자만을 버리고 추한 자신에서 벗어날 수 있**

는 사람만이 극락으로 갈 수 있는 것이다. "선인조차 구원을 받을 수 있는데 하물며 악인이야 더욱 그렇지 않겠는가."라는 말의 뜻이 여기에 있다.

(가네코 다이에이,《단니쇼》중에서)

—

"선인조차 구원을 받을 수 있는데 하물며 악인이야 더욱 그렇지 않겠는가."라는 신란의 말은 사람들의 상식과는 정반대라서 도리어 모든 사람들의 머릿속에 강력하게 각인되었다. 풀이를 하자면 "악인 쪽이 아미타불에게 의지해야겠다는 마음이 강하기 때문에 그 믿음이 강한 만큼 구원을 받기 쉽다."라는 것이다.

설명을 듣고 보면 이해가 가지만 처음에 "선인조차 구원을 받을 수 있는데 하물며 악인이야 더욱 그렇지 않겠는가."라는 말만 들으면 무슨 뜻으로 하는 말인지 이해하기 어렵다. 하지만 "어떤 의미일까?" 하는 생각에 자세한 설명을 들어보면 그 깊이에 감탄사가 나올 정도로 공감하게 된다.

처음에 "그렇지.", "당연하지."라는 생각이 드는 이야기를 꺼내면 그 내용을 충분히 예측할 수 있기 때문에 그다지 관심을 끌지 않는다. 하지만 "응? 이게 무슨 말이야?"라는 의문이 느껴지는 말로 시작해서 "아, 듣고 보니 정말 맞는 말이네."라는 공감을 하도록 이야기를 전개해나가면 상대는 더욱 감탄하게 된다. 신란은 이 역설적 표현을 적절하게 구사하여 가르침을 전달하는 데에 성공한 사람이다.

여러분도 일상에서 사람을 설득하거나 공감을 얻고 싶을 때 역설적인 화법을 구사한다면 강렬한 인상을 심어줄 수 있을 것이다.

"이 상품은 아무런 쓸모가 없습니다. 이렇게 생긴 상품을 가지고 있으면 불편하기만 할 뿐이지요."라는 식으로 이야기를 시작하고 "하지만 사실 이 형태에는 중요한 의미가 숨겨져 있습니다."라는 식으로 설명을 해나가면 상대는 "그렇구나!" 하고 납득하게 된다.

예를 들어 효율을 우선하여 낭비를 줄이는 것이 당연한 상황에서 "손이 많이 가는 것일수록 사랑을 받습니다."라는 역설을 던지면 관심을 끌 수 있다.

= 이야기를 시작할 때 역설을 이용한다 =

역설

비 오는 날에
우산은 필요 없습니다.

의외

네?

왜냐하면….

이유를 설명한다.

아, 그렇구나!

깊은 인상과
공감을 준다.

일반적 전개

비 오는 날에는
우산이 필요합니다.

당연

(예측할 수 있는 말이기
때문에 흥미가 없다.)

왜냐하면….

이유를 설명한다.

역시….

전혀 인상에
남지 않는다.

26

메타포로
강한 인상을 남긴다

메타포(metaphor)는 '은유(隱喩)', 또는 '암유(暗喩)'라는 뜻이다. 비유의 일종인데, 직유(直喩)가 '~처럼'이라는 식으로 비유하는 대상을 직접적으로 제시하는 데 비하여 암유는 비유라는 사실을 분명하게 나타내지 않는다.

그런 만큼 "이 말이 무슨 뜻이지?" 하는 호기심이 탄생하고 암유가 정확하게 맞아떨어졌을 때에는 "아, 그런 말이었구나!" 하고 시원하게 납득한다.

암유를 사용하는 경우의 장점은 이야기에 말뚝을 박는 것이다. 이야기는 시간적인 행위이기 때문에 항상 시간 경과와 함께 흘러간다. 사람의 기억은 애매해서 들은 이야기도 대부분 잊어버린다.

그럴 때 이야기의 흐름에 말뚝을 박는 방법으로 암유를 사용하면 이야기의 일부를 기억하는 데 매우 효과적이다.

작가 무라카미 하루키 씨가 2009년에 예루살렘상을 수상했을 때의 연설은 유명하다. 일반적으로 상을 받을 때 하는 연설을 사람들이 모두 기억하는 경우는 거의 없다. 그것이 노벨상이나 아카데미상이라면 모르지만 예루살렘상이라는, 일반적으로는 그다지 알려져 있지 않은 상인 경우에는 더욱 그렇다.

그러나 이 연설은 일본 전역에서 화제가 되었다. 그 이유는 "크고 단단한 벽이 있고 거기에 부딪혀 깨지는 달걀이 있다면 저는 항상 달걀 쪽에 서겠습니다."라는 강렬한 메타포가 효과를 발휘했기 때문이다.

"저는 항상 달걀 쪽에 서겠습니다."

이 말만 들으면 무슨 말인지 이해할 수 없다. 이해할 수는 없지만 달걀이 가지고 있는 이미지는 깨지기 쉽다는 것이다. 그런데 벽이 등장하면 반드시 달걀이 진다는 사실을 알 수 있다. 암유가 무엇을 의미하는지 무라카미 씨는 이렇게 설명한다.

—

하나의 메시지를 전하고 싶습니다. 개인적인 메시지입니다. 이것은 제가 소설을 쓸 때 항상 머릿속에 담아두는 것입니다. 종이에 써서 벽에 붙여두는 것이 아닙니다. 하지만 머리라는 벽에 그것은 새겨져 있습니다. 이런 것입니다.

만약 여기에 크고 단단한 벽이 있고 거기에 부딪혀 깨지는 달걀이 있다면 저는 항상 달걀 쪽에 서겠습니다.

그렇습니다. **아무리 벽이 옳고 달걀이 잘못되었다고 해도, 그래도 저는 역시 달걀 쪽에 설 것입니다.** 옳고 그름은 다른 사람이 결정하는 것입니다. 또는 시간이나 역사가 결정하는 것입니다. 만약 소설가가 어떤 이유에서건 벽 쪽에 서서 작품을 쓴다면 대체 그 작가에게 어떤 가치가 있겠습니까?

한편 이 메타포는 무엇을 의미할까요? 어떤 경우에는 단순명쾌합니다. 폭격기나 전차나 로켓탄이나 백린탄(白燐彈)이나 기관총은 크고 단단한 벽입니다. 그것들에 의해 궤멸되고 불타고 관통당하는 비무장 시민은 달걀입니다. 그것이 이 메타포의 한 가지 의미입니다.

그러나 그것만이 아닙니다. 거기에는 보다 깊은 의미도 있습니다. 이렇게 생각해보십시오. 우리는 모두 많든 적든 각각 하나의 달걀이라고, 그 무엇과도 바꿀 수 없는 하나의 영혼과 그것을 둘러싸고 있는 약한 껍질을 가진 달걀이라고. 저도 그렇고 여러분도 그렇습니다. 그리고 우리는 모두 많든 적든 각자 크고 단단한 벽에 직면해 있습니다.

그 벽은 이름을 가지고 있습니다. 그것은 '시스템'이라고 불립니다. 그 시스템은 본래 우리를 보호해주어야 합니다. 그러나 어떤 경우에는 그것이 독립하여 우리를 죽이고 우리가 사람을 죽이게 만듭니다. 냉정하게, 효율적으로, 그리고 체계적으로.

(2009년 2월 15일, 예루살렘상 수상식에서)

—

팔레스타인과 대립하고 있는 이스라엘의 예루살렘에서 한 말이니까 정치적인 비판도 포함되어 있다고 볼 수 있다. 게다가 우리 모두가 달걀이고 싸우는 상대는 '시스템'이라고 설명하고 있다. 이것은 채플린이나 올리버 스톤의 말과도 통하는 점이 있다. 우리가 만들어온 '시스템'이 전쟁을 한다. 사람들 각자는 약한 달걀이지만 그런 우리가 '시스템'을 만들어왔다는 것이다.

이 연설이 임팩트를 주는 이유는 메타포의 힘에 의해서다. 만약 암유가 없이 "사람들이 만든 시스템이 우리들 각자를 집어삼키고 전쟁으로 내달리게 하고 있습니다."라고 연설했다면 사람들의 기억에는 그다지 남지 않았을 것이다.

달걀과 벽이라는 대비적인 암유를 사용하는 것으로 "무슨 말이지?" 하는 호기심을 느끼게 하는 훅을 날리고, 다시 벽에 부딪혀 부서지는 달걀을 떠올리게 하여 기억에 남긴다. 매우 인상적인 연설이다.

이처럼 메타포를 사용하는 것은 쉽지 않은 일이지만 비유나 암유를 이야기 속에 첨가하면 그것이 훅이 되어 의미와 이미지가 세트를 이루면서 확실하게 기억에 남길 수 있을 것이다.

예를 들어 무라카미 하루키 씨의 소설 《노르웨이의 숲》에서 주인공이 여성으로부터 "나를 얼마나 사랑해?"라는 질문을 받고 "봄날의 곰만큼."이라고 대답하는 장면이 나오는데, 이 정도로 세련된 메타포를 말할 수 있으면 공감뿐 아니라 훨씬 더 진전된 마음을 얻어내는 것도 가능하다.

덧붙여 이 '봄날의 곰'은 봄날의 들판에서 곰 인형처럼 털

이 북실북실한 아기 곰을 만나 그 아기 곰을 끌어안고 언덕을 구르는 이미지라고 한다. 여성이 그 매력에 빠지는 것도 무리는 아닐 듯한 느낌이 든다.

메타포는 '전달력'에 있어서 아주 강력한 지원군이다.

에필로그

이 책은 어떻게 하면 나의 뜻을 잘 전달할 수 있는지, 자신이 다른 사람으로부터 공감을 얻으려면 어떤 화법을 구사해야 하는지를 설명한 것이다.

다른 사람으로부터 공감을 얻으려 하는 이유는 자신의 뜻을 이해해주기를 바라기 때문인데, 그 앞에 전제되는 것은 다른 사람으로부터 이해를 받고 '함께 무엇인가를 하고 싶다'는 마음일 것이다.

개인이 할 수 있는 일은 한계가 있다. 하지만 팀이라면 그 몇 배, 몇십 배의 힘을 발휘할 수 있다. 앞으로는 팀으로 과제를 완성해야 하는 경우가 더욱 많아질 것이다. 그때 과연 나는 팀워크를 높일 수 있는 화법을 구사할 수 있을까? 그런 관점으로 이 책을 읽어주기 바란다.

간디처럼 10만 명의 군중을 상대로 할 필요는 없지만 눈앞의 서너 명에 대해 진심으로 공감을 얻고 결속력을 높일 수 있는 화법을 구사할 수 있을까? 바로 여기에 앞으로의 시대를 개척해나갈 수 있는 힌트가 감추어져 있다. 단순히 용건만 전달하는 것이 아니라 공감을 얻는 화법, 즉 이 책을 통해서 상대의 마음을 움직일 수 있는 '전달력'의 비결을 배울 수 있다면 정말 다행스러운 일이다.

이 책을 세상에 선보이면서 쓰지 유미코(辻由美子) 씨와 도쿄도(東京堂)출판 편집부의 요시다 도모코(吉田知子) 씨의 도움을 많이 받았다. 이 자리를 빌려 감사의 말씀을 드리고 싶다. 또 연설을 참고할 수 있도록 해주신 문헌의 저자 여러분들에게도 감사를 드린다.

14대 달라이 라마(the 14th Dalai Lama, Tenzin Gyatso)

티베트 불교의 최고지도자. 1935년 티베트 동북부 아무드 지방에서 태어났다. 두 살 때 선대인 13대 달라이 라마의 환생이라는 인정을 받아 1940년에 14대 달라이 라마로 즉위했다. 1959년에 티베트 민중 봉기 이후 중국 정부의 탄압에 의해 인도로 망명해서 망명 정권을 수립했다. 이후, 일관적으로 비폭력에 의한 티베트 독립을 위해 힘썼고, 세계 각국에 티베트 지원과 세계 평화를 호소했다. 1989년에는 노벨평화상을 수상했는데, 평화를 향한 그의 신념은 종파를 초월하여 세계적으로 영향력을 끼치고 있다. 이 책에 소개한 내용은 2011년 다람살라(Dharamshala)에서 티베트 민중 봉기 52주년을 기념하여 한 연설이다.

구로야나기 데쓰코(黒柳徹子)

1933년 도쿄 출생. NHK 전속 탤런트 1호로 알려져 있다. 경쾌한 말투로 인기를 모았으며, TV 토크 프로그램 〈데쓰코의 방(徹子の部屋)〉은 38년 동안 이어지고 있는 장수 프로그램이다. 1984년부터 유니세프 친선대사가 되어 전쟁이나 기아 때문에 고통을 받고 있는 전 세계 어린이들을 위한 활동을 지속하고 있다. 이 책에서 소개한 내용은《토트 짱과 토트 짱들》에서 인용한 문장이다.

넬슨 만델라(Nelson Rolihlahla Mandela)

남아프리카공화국 제8대 대통령. 1918년 남아프리카에서 족장의 아들로 태어났다. 포트 헤어 대학 재학 중에 학생 운동을 지도했다는 이유로 퇴학 처분을 받았다. 그 후 남아프리카대학 등에서 법학을 공부했고, 변호사 활동을 하는 한편 반 아파르트헤이트(Apartheid; 인종차별정책) 운동을 전개했다. 국가반역죄로 자주 체포되었는데 옥중 생활은 27년에 이른다. 감옥에서도 공부와 운동을 지속했으며, 인권운동가의 상징적 존재가 되었다. 1990년에 석방되자 아프리카민족회의 지도자로 취임했고, 1994년에는 남아프리카공화국 첫 흑인 대통령으로 선임되었다. 1993년에 노벨평화상을 수상했고, 2013년에 95세로 세상을 떠났다. 이 책에 소개한 내용은 1990년 2월 11일, 케이프타운 집회에서 한 연설과, 같은 해 2월 13일 소웨토 집회에서 한 연설이다.

다케다 쓰네카즈(竹田恒和)

지금은 사임했지만 일본 올림픽위원회 회장, 국제올림픽위원회 위원, 도쿄올림픽조직위원회 이사였다. 1947년 도쿄에서 태어났다. 뮌헨올림픽, 몬트리올올림픽에 출전한 마술(馬術) 선수 출신으로 영어에 능통하여 국제마술연맹 부회장을 역임한 국제파다. 메이지 천황의 증손자이며, 풍부한 국제 경험과 올림픽에 오랜 세월 관여해온 실적을 살려 2020 도쿄올림픽-패럴림픽 유치위원회 이사장으로서 도쿄올림픽 유치를 결정짓는 공을 세웠다.

마틴 루서 킹 주니어(Martin Luther King Jr.)

미국의 공민권운동 지도자이자 목사. 1929년 조지아 주 애틀랜타에서 목사의 아들로 태어났다. 보스턴대학 신학부에서 박사학위를 취득한 후 뱁티스트파 목사로서 포교 활동에 힘썼지만, 1955년 앨라배마주 몽고메리에서 버스 보이콧 운동이 발생하자 이를 지원했으며, 나아가 미국 각지에서 공민권운동을 지도했다. 1963년 워싱턴에서 개최된 집회와 행진에는 25만 명이나 되는 사람들이 집결했다. 링컨기념관 앞 광장에서는 많은 군중을 앞에 두고 "제게는 꿈이 있습니다."라는 역사적인 명연설을 했다. 1986년 테네시 주 멤피스에서 시위행진에 참가했는데, 다음 날 호텔에서 암살당했다.

마하트마 간디(Mohandas Karamchand Gandhi)

정치가, 인도 독립의 아버지. 1869년 인도 구자라트(Gujarat) 주에서 태어났다. 고등학교를 졸업한 뒤에 영국으로 유학을 가서 법률을 공부하고 남아프리카에서 변호사로 개업하지만 인도인들이 인종차별을 당하는 것을 목격하고 인도로 귀국, 철저한 비폭력, 불복종 독립운동을 전개했다. 그중에서도 영국이 독점했던 소금에 대한 법 제도에 반대하여 실시한 '소금 행진(Salt March)'이 전 세계의 여론을 움직였다. 영국 정부는 간디를 체포하여 몇 번이나 금고형에 처했지만 그의 신념은 끝까지 흔들리지 않았고 마침내 인도의 독립을 이루어냈다. 이 책에 소개한 내용은 1922년에 투옥되어 재판을 받았을 때 법정에서 간디가 한 말이다. 1948년 극우 힌두교도에 의해 암살당했다.

무라카미 하루키(村上春樹)

소설가. 1949년 교토부에서 태어났으며 와세다대학을 졸업했다. 1979년 《바람의 노래를 들어라》로 군조신인문학상을 수상한 뒤, 《양을 둘러싼 모험》《노르웨이의 숲》《해변의 카프카》《1Q84》등 히트작을 잇달아 발표했다. 일본뿐 아니라 해외에도 열광적인 팬들이 많다. 프란츠 카프카 상과 프랑크 오코너 국제단편상 등 해외의 저명한 상도 수상했다. 2009년에는 이스라엘의 예루살렘상을 수상하였는데, 당시 이스라엘은 비인도적인 가자지구 침공으로 국제적인 비난을 받고 있었다. 이 상은 받지 말아야 한다는 목소리도 높았지만 무라카미 하루키는 "수상을 거절하는 것은 부정적인 메시지지만 참석해서 수상식에서 이야기를 하는 것은 긍정적인 메시지입니다. 가능하면 항상 긍정적인 쪽을 선택하자는 것이 저의 기본적인 자세입니다."라면서 2009년 2월 15일 수상식에 참석했다.

무함마드 유누스(Muhammad Yunus)

방글라데시의 은행가. 1940년 방글라데시 치타공(Chittagong)에서 보석점의 둘째 아들로 태어났다. 다카대학에서 경제학 석사학위를 취득하고, 장학금을 받아 미국으로 건너가 밴더빌트대학에서 경제학 박사학위를 취득했다. 방글라데시가 파키스탄으로부터 독립된 것을 계기로 귀국해 치타공대학 경제학부장으로 취임했다. 1974년 조국이 대기근 상황에 놓이자 빈곤자를 구제하기 위한 활동을 시작했다. 1983년에는 그라민 은행을 설립하고 무담보로 소액의 자금을 대출해줌으로써, 빈곤에 허덕이는 사람들에게 자립할 수 있는 길을 열어주었다. 이 프로그램은 해외로도 퍼져나가 빈곤 대책에 커다란 공헌을 했다. 그

공적이 인정을 받아 '막사이사이상'을 수상했고 2006년에는 '노벨평화상'을 수상했다. 이 책에 소개한 연설은 1997년 2월, 워싱턴의 마이크 로크레디트 서밋에서 한 것이다.

사토 마미(佐藤眞海)

2020 도쿄올림픽 유치위원회의 프레젠테이터이자, 런던패럴림픽 선수. 1982년 미야기 현에서 태어났다. 치어리더로 활약하기도 했지만 와세다대학 재학 중에 골육종이 발병하면서 스무 살에 오른쪽 다리 무릎 아래를 절단하고 의족을 사용하게 되었다. 2004년 아테네패럴림픽에서 멀리뛰기에 첫 출전을 했고, 베이징올림픽과 런던올림픽에도 연속 출전했다. 2011년 일어난 동일본 대지진 때에는 고향인 게센누마(氣仙沼)가 재해를 입으면서 한때 선수 생활을 포기할 뻔한 적도 있었다. 도쿄올림픽 유치 프레젠테이션에서는 그런 자신의 체험을 이야기해 위원들의 공감을 끌어모았다.

세토우치 쟈쿠쵸(瀬戸内寂聴)

소설가. 1922년 도쿠시마에서 태어났다. 도쿄여자대학에 재학 중일 때 맞선을 보고 결혼해서 딸 한 명을 두었지만 이혼했다. 소설가를 꿈꾸며 상경해서 1957년 《여대생 츄이아이린》으로 신쵸(新潮)사 동인잡지상을 수상했다. 《여름의 끝》으로 여류문학상을 수상하는 등 인기 작가로 활약했지만 사생활에서는 복잡한 연애사로 격동의 나날을 보냈다. 1973년 히라이즈미(平泉) 츄손지(中尊寺)에서 출가하여 하루미라는 이름에서 쟈쿠쵸로 개명했다. 교토의 사가노에 쟈쿠안(寂庵)이라는 암자를 만들었고, 1987년에는 이와테 현 죠호지마치(淨法寺町)의 덴다이지 주지로 취임하여 아오조라설법(青空說法)을 시작했다. 남녀 문제나 인생의 고민에 관해 경험을 바탕으로 명쾌하게 대답함으로써 많은 팬들을 모으고 있다. 이 책에 소개한 내용은 1995년 11월 5일, 이와테 현 덴다이지에서 한 설법의 일부다.

스네 노부히로(諏訪敦彦)
도쿄조형대학 전 학장이자 영화감독. 도쿄조형대학 디자인학과를 졸업하고 조감독과 텔레비전 연출을 거쳐 1997년 〈2/듀오〉로 감독 데뷔했다. 1999년 〈M/OTHER〉로 칸 국제영화제 국제비평가연맹상을 수상했으며 프랑스를 중심으로 활약했다. 2008년에 모교인 도쿄조형대학의 학장으로 취임하여 후배들을 지도했다. 이 책에서 다룬 연설은 2013년 4월 4일, 도쿄조형대학 입학식에서 한 것이다.

스티브 잡스(Steve Jobs)
애플의 창업자. 1955년 캘리포니아 주 샌프란시스코에서 태어났다. 리드대학을 중퇴하고 친구와 자택 차고에서 가정용 컴퓨터를 개발하다가 1977년에 애플 컴퓨터를 법인화하면서 주식 상장과 함께 20대의 나이에 거액의 부를 이루었다. 그러나 애플사의 규모가 확대됨에 따라 내부에서 의견 대립이 발생하면서 임원직에서 해임당하기도 했다. 그 후 애플사가 실적 부진에 빠지자, 다시 CEO로 영입되어 아이폰, 아이패드 등 혁신적인 제품을 잇달아 내놓았다. 2003년 췌장암 진단을 받고 다양한 치료를 시도하여 한때는 회복의 기미가 보이기도 했다.

2005년 6월 12일 스탠퍼드대학 졸업식에 초대를 받았을 때의 연설은 "Stay hungry, stay foolish."로 마무리하여 커다란 반향을 불러일으켰다. 하지만 암은 이겨내지 못하고 2011년 56세로 사망했다.

시마 모토히로(嶋基宏)

일본 프로야구 구단 도호쿠 라쿠텐 골든이글스의 포수. 1984년 기후현에서 태어났다. 고쿠가쿠인(國學院)대학을 졸업한 뒤 드래프트로 라쿠텐에 입단했는데, 강한 어깨로 알려져 노무라 가쓰야(野村克也) 감독 아래에서 크게 활약했다. 그 덕망이 인정을 받아 2011년에 선수 대표로 취임했지만, 직후 동일본 대지진이 발생했다. 홈인 센다이는 물론이고 도호쿠 지방 전체가 피해를 입었는데, 이런 때일수록 재난 지역을 격려해야 한다는 이유에서 프로야구 개막을 결정했다. 4월 29일 라쿠텐은 센다이 일본제지 클리넥스 스타디움 미야기에서 홈 개막전을 펼쳤다. 그때 팬들 앞에서 한 연설이 역사에 남는 명연설이 되었다.

신란(親鸞)

정토진종을 만든 가마쿠라(鎌倉) 시대의 승려. 1173년 교토에서 궁중의 일을 하는 관리 히노 아리노리(日野有範)의 장남으로 출생했다고 알려져 있다. 히에이잔(比叡山)에서 덴다이슈(天台宗)를 공부한 뒤에 호넨(法然)의 문하로 들어가 전수염불(專修念佛; 극락왕생하기 위해 다른 행을 섞지 않고 오직 '나무아미타불'만을 외는 것)에 귀의했지만 당시 막부의 박해로 인해 에치고(越後)로 유배를 당했다. 사면을 받은 뒤에는 포교 활동과 제자 양성에 힘썼다. 절대타력(絕對他力)과 악인정기(惡人正機)를 주장하고, 육식과 대처(帶妻)도 용인하는 그의 가르침은 정토진종이라고 불린다. 신란의 말을 모아놓은 《단니쇼》는 제자 유이엔(唯圓)이 신란의 가르침을 전하기 위해 편집한 것으로 알려져 있다.

아웅 산 수지(Aung San Suu Kyi)

미얀마의 정치가. 미얀마 민주화 운동의 중심적 인물이다. 1945년 양곤에서 태어났다. 아버지는 미얀마 독립의 지도자인 아웅 산 장군이다. 영국 옥스퍼드대학을 졸업하고 뉴욕 국제연합본부 근무를 거쳐 영국인 학자와 결혼했으며, 1988년 어머니를 간병하기 위해 미얀마로 귀국했다. 당시 미얀마에서는 학생들을 중심으로 민주화 운동이 격렬하게 벌어지고 있었는데, 여기에 합류했다. 수십만 명의 사람들을 앞에 두고 한 연설이 유명하다. 군사 쿠데타에 의해 독재 정권이 들어서면서 민주화 운동의 지도자였던 그녀는 자택 연금 상태에 놓였다. 몇 번이나 자택 연금이 해제되었지만 단속적인 연금 생활은 1989년부터 2010년까지 이어졌다. 그동안 국제사회가 지원을 하게 되면서 1991년에는 노벨평화상을 수상했다. 이 책에서 다룬 연설은 1995년 그녀가 장기간에 걸친 자택 연금에서 일시적으로 풀려났을 때 제75회 민족기념일 식전 행사에서 한 것이다.

안젤리나 졸리(Angelina Jolie Voight)

할리우드 배우. 1975년 로스앤젤레스에서 태어났다. 연극학교를 졸업한 뒤에 모델로 활약하다가 1993년 영화에 데뷔했다. 2001년 〈툼 레이더〉가 큰 히트를 치면서 일약 톱스타가 되었다. 봉사활동에도 적극적이어서 2001년에는 유엔난민기구 친선대사로 임명되었다. 2011년에는 직접 감독을 맡아 보스니아 헤르체고비나 분쟁을 소재로 삼은 〈피와 꿀의 땅에서〉를 제작했다. 이 영화가 2013년에 일본에서 개봉될 때 일본을 방문했고, 전쟁의 비참함과 여성 차별 문제에 관한 연설을 했다.

에이브러햄 링컨(Abraham Lincoln)

제16대 미합중국 대통령. 1809년 켄터키 주에서 태어났다. 학교를 다니지 않은 부모님 아래에서 자라 자신도 다양한 직업을 전전했지만 독학으로 법률을 공부하여 변호사 자격을 취득했다. 스물다섯 살 때 일리노이 주 하원의원에 당선되었다. 정치 활동을 지속하면서 변호사로서도 다양한 사건들을 겪으며 경험을 축적하다가 1861년 공화당 첫 대통령으로 취임했다. 그러나 노예제도를 둘러싸고 남부와 대립했고, 미국이 남북전쟁으로 돌입한 이후 1863년 1월 1일에 '노예해방선언'을 발표했다. 같은 해 7월에 게티스버그에서 북군이 승리를 거둔 이후에는 11월에 게티스버그의 국립 희생자 묘역 헌납식에서 '국민의, 국민에 의한, 국민을 위한 정치'라는 유명한 연설을 했다.

올리버 스톤(William Oliver Stone)

영화 감독. 1946년 뉴욕에서 태어났으며, 예일대학을 중퇴했다. 미국 육군에 소속되어 베트남전쟁에 참전하기도 했다. 이 경험이 후에 아카데미 감독상을 수상하게 되는 〈플래툰〉의 토대가 되었다고 한다. 제대한 뒤에 뉴욕대학에서 영화 제작을 공부했고, 1974년에 호러 영화로 감독 데뷔했다. 1986년 〈플래툰〉, 1989년 〈7월 4일생〉으로 아카데미 감독상을 수상했다. 2013년 8월 6일, 히로시마에서 개최된 원수폭 금지 세계대회에서 연설을 했다. 미국 정부를 비판함과 동시에 미국의 행동에 동조하는 일본에 대해 자성을 촉구했다.

왕가리 마타이(Wangari Muta Maathai)

환경보호 활동가. 1940년 케냐에서 태어났다. 미국 켄자스 주에 있는 마운트세인트 스콜라스티카대학을 졸업한 뒤에 피츠버그대학에서 석사학위를 취득하고 나이로비대학에서 박사학위를 취득하여 나이로비대학 최초의 여성 교수가 되었다. 사막화를 방지하기 위해 식목 활동을 실시하는 그린벨트 운동을 아프리카 전 지역에 전개함과 동시에 민주화와 환경보호 활동에도 참가했다. 2002년 국회의원이 되었고 2004년에는 아프리카 여성으로는 처음으로 노벨평화상을 수상했다. 이 책에 실린 연설은 오슬로의 노벨상 수상 기념 강연에서 한 것이다. 2011년 암 때문에 71세의 나이로 세상을 떠났다.

이나모리 가즈오(稲盛和夫)

교세라 창업자. 1932년 가고시마에서 태어났다. 가고시마대학 공학부를 졸업한 뒤에 교토의 유리 기업 쇼후공업에 취직했는데, 스물일곱 살 때에 교토세라믹(지금의 교세라)을 창업하여 세계 유수의 기업으로 성장시켰다. 경영 파탄에 이른 일본항공을 인수하여 재건에 성공하는 등 경영 수완이 높은 평가를 받고 있다. 1997년에는 출가하여 불문으로 들어갔다. 인재 육성에도 진력하여 젊은 경영자를 대상으로 하는 경영학원 '이나모리학원'을 열었다. 일본뿐 아니라 해외에서도 널리 후진 지도에 힘쓰고 있다. 이 책에서 다룬 내용은 '이나모리학원'에서 젊은 경영자들의 질문에 대답을 한 내용들을 정리한 《사람을 살리는 이나모리 가즈오의 경영학원》에서 인용한 것이다.

지그메 케사르 남기엘 왕추크(Jigme Khesar Namgyel Wangchuck)
제5대 부탄 국왕. 1980년에 태어났다. 제4대 지그메 싱예 왕추크(Jigme Singye Wangchuck) 국왕의 세 번째 왕비의 장남으로 출생하여 미국 위튼칼리지, 영국 옥스퍼드대학 등에서 교육을 받고 2006년 국왕으로 즉위했다. 2011년 제선 페마(Jetsun Pema)와 결혼했는데, 같은 해 11월 일본을 방문하여 일본 국회 중의원 본회의장에서 연설을 했고, 동일본 대지진 피해를 입은 일본 국민을 격려했다. 한편 부탄은 국민총행복량(GNH)을 중시하는 나라로 알려져 있다.

찰리 채플린(Charles Spencer Chaplin)
희극배우이자 영화 감독. 1889년 런던에서 태어났다. 부모는 둘 다 뮤직홀 가수였는데, 가난 때문에 고아원에 맡겨졌다. 여덟 살에 뮤지컬 극단에 입단했고, 스물다섯에 영화배우로 데뷔했다. 트레이드마크인 콧수염과 중산모자로 인기를 얻었다. 그러나 자본주의를 풍자한 〈모던 타임스〉, 히틀러를 비꼰 〈위대한 독재자〉, 전쟁에 의한 대량살인에 의문을 던진 〈채플린의 살인광 시대〉 등 정치와 체제를 비판하는 작품을 발표했다가 미국으로부터 사실상의 국외 추방을 당하고 스위스로 이주했다. 미국과는 후에 아카데미상 수상을 통하여 화해하지만 오랜 세월 동안 스위스를 거점으로 생활하다가 1977년 세상을 떠났다. 〈위대한 독재자〉의 마지막 장면은 채플린이 연기하는 독재자의 역사에 남는 명연설로 마무리된다.

헬렌 켈러(Helen Adams Keller)

미국 사회복지 활동가. 1880년 앨라배마 주 터스컴비아(Tuscumbia)의 유복한 가정에서 태어났다. 두 살 때 고열로 청력, 시력을 잃고 말도 할 수 없게 되었다. 1887년 맹아학교를 우수한 성적으로 졸업한 앤 설리번이 가정교사로 파견되어 그녀에게 점자를 가르쳤다. 설리번의 헌신적인 지원으로 말을 할 수 있게 된 헬렌 켈러는 래드클리프여자대학(지금의 하버드대학)을 졸업한 뒤 신체 장애가 있는 사람들을 위한 복지와 교육에 평생을 바쳤다.

혼다 소이치로(本田宗一郎)

혼다기연공업 창업자. '세계의 혼다'를 구축한 입지적 인물이다. 1906년 시즈오카현에서 태어났다. 고등소학교를 졸업한 뒤에 자동차 수리공으로 일을 배우고 스물두 살에 분점을 차려 독립했다. 1946년 혼다기술연구소를 설립하고 엔진과 기계 개발에 몰두, 이륜차로 세계적인 평가를 확립하자 사륜 자동차에도 진출하여 혼다를 세계적인 자동차 기업으로 육성시켰다.

확
끌어당기는
프로의
언어

초판 1쇄 인쇄 2020년 8월 11일
초판 1쇄 발행 2020년 8월 17일

지은이 | 사이토 다카시
옮긴이 | 이정환
펴낸이 | 한순 이희섭
펴낸곳 | (주)도서출판 나무생각
편집 | 양미애 백모란
디자인 | 박민선
마케팅 | 이재석
출판등록 | 1999년 8월 19일 제1999-000112호
주소 | 서울특별시 마포구 월드컵로 70-4(서교동) 1F
전화 | 02)334-3339, 3308, 3361
팩스 | 02)334-3318
이메일 | tree3339@hanmail.net
홈페이지 | www.namubook.co.kr
블로그 | blog.naver.com/tree3339

ISBN 979-11-6218-110-2 03190

이 도서의 국립중앙도서관 출판예정도서목록(CIP)은 서지정보유통지원시스템 홈페이지
(http://seoji.nl.go.kr)와 국가자료종합목록 구축시스템(http://kolis-net.nl.go.kr)에서 이용하
실 수 있습니다. (CIP제어번호 : CIP2020031119)